浙江省社科联社科普及出版资助项目

农村电商微网络应用一周通

郭飞军 著

浙江工商大学出版社
ZHEJIANG GONGSHANG UNIVERSITY PRESS

图书在版编目(CIP)数据

农村电商微网络应用一周通 / 郭飞军著. —杭州：
浙江工商大学出版社，2018.5
ISBN 978-7-5178-2741-2

Ⅰ. ①农… Ⅱ. ①郭… Ⅲ. ①农村—电子商务—研究
—中国 Ⅳ. ①F724.6

中国版本图书馆 CIP 数据核字(2018)第 088625 号

农村电商微网络应用一周通

郭飞军 著

责任编辑	张婷婷	
封面设计	林朦朦	
责任印制	包建辉	
出版发行	浙江工商大学出版社	
	（杭州市教工路 198 号　邮政编码 310012)	
	（E-mail:zjgsupress@163.com)	
	（网址:http://www.zjgsupress.com)	
	电话:0571-88904980,88831806(传真)	
排　　版	杭州朝曦图文设计有限公司	
印　　刷	虎彩印艺股份有限公司	
开　　本	710mm×1000mm　1/16	
印　　张	10.5	
字　　数	167 千	
版 印 次	2018 年 5 月第 1 版　2018 年 5 月第 1 次印刷	
书　　号	ISBN 978-7-5178-2741-2	
定　　价	39.00 元	

前　言

一、本书的读者对象

本书主要介绍"小微网络"的基础理论知识、网络环境搭建、常见网络管理类的应用、基于 WiFi 的智能安防产品、网络维护和网络道德等知识。

本书适合希望系统而快速地学习网络基本软硬件知识及应用的初、中级用户,尤其适合农村地区需要快速构建"小型网络应用"的电商用户,他们既有简单的家庭型小网络硬件搭建的需求,又有简单的安防产品的安装需要。

由于传统的网络产品和安防产品都主要针对大型企业,一些网络公司面对上门的小企业客户时,也多抱有"多赚一点、多提供稍微复杂一点"产品的念头,因为这些服务公司还希望在后期维护时能不断地赚一点。而对于生活中的小型农村电商用户,他们则希望"最多看一本参考书"后就能快速应用和维护基本"小微网络"的方方面面。

本书可作为广大农民朋友的科普读物,涉农企业电子商务的操作指南,农村干部及农业专业技术人员的知识更新参考用书或培训教材,大学生村干部的必读书目,也可以作为高职院校的非计算机网络专业的学生选修网络基础知识的教学用书。

二、本书的主要内容

本书共分 7 天的知识量。

本书主要的章节内容有:懂点网络基础知识、搭建家用小网络、传好信息与藏好数据、明白电子商务与电子政务、排除自己的网络故障、实现家中微办公与数据异地访问、防护网络安全与遵守网络道德等内容。

本书基于"最多看一本参考书"的思路,现有书市上很少见到同类型的适合农村地区或初、中级入门用户的"浅显而有效、精致而实用的网络知识书籍"。

本书把小型企业、家庭生活中常见的网络软硬件应用集合在一起,并整合了电子商务的一些基本应用,让对网络感兴趣的初级入门用户能快速而有效地掌握一些基本的网络知识和小型网络的构建和管理。

三、本书的创新之处

本书的主要着眼点是"小微网络环境",即家庭和小企业,就是把网络硬件和软件的选择与应用范围进行了分层,我们只选择家庭或小企业适合的,这样的选择虽然限制了读者的对象,却也是以前我们在撰写网络类书籍所忽略的。

本书的内容则从网络基础知识、适合农村等的电子商务应用知识、小型网络架设和管理、基于 WiFi 的小型智能安防产品等进行组合,书本内容特别专注于让初级用户看了本书后"能用网络、能建网络、能管网络、能用网络购物",而对学习能力较强的用户则还可以指导他们"能建网站、能规划智能安防产品"等。

四、本书的现实意义

现有的部分网络书籍,由于定位没有分层,不同层次的用户、不同应用环境的用户在学习后缺少针对性,本书已注意到这点。

另外,很多图书为了加强理论性,往往忽略了初级用户对硬件和软件产品的"选择恐惧症",本书也注意到这点,并提供选购建议列表。

因此,我们认为,本书的出版,可以为一部分网络爱好者提供一本很好的学习书籍,实现"最多看一本"的目的。

由于整理工作繁重,其中难免有不足与疏漏之处,敬请社会各界提出宝贵意见和建议,以便我们不断改进和提高。

作　者

2018 年 3 月

目　　录

懂点网络基础知识

第一天

1.1　网络发展与应用那些事

近几年,支付宝已成为中国面向世界的新名片、新的四大发明之一。

2017 年 8 月,CNNIC 发布第 40 次《中国互联网络发展状况统计报告》指出:截至 2017 年 6 月,中国网民规模达到 7.51 亿,占全球网民总数的五分之一;互联网普及率为 54.3%,超过全球平均水平 4.6 个百分点。以互联网为代表的数字技术正在加速与经济社会各领域深度融合,成为促进我国消费升级、经济社会转型、构建国家竞争新优势的重要推动力。

特别是 2017 年 11 月 11 日,天猫全天成交额突破 1682 亿元,全天支付总笔数达 14.8 亿,全天物流订单达 8.12 亿,交易覆盖全球 225 个国家和地区。根据天猫官方数据,零点刚过,仅 10 秒钟 2017 天猫双 11 交易额突破 16 亿元;1 分钟不到 2017 天猫双 11 交易额突破 50 亿元;5 分 57 秒,2017 天猫双 11 全球狂欢节成交额超 191 亿元,已超 2012 年双 11 全天的成交额,无线交易额占比 93%;1 点,2017 天猫双 11 交易额突破 571 亿元;11 月 11 日上午 9 点 00 分 04 秒超 1000 亿元,一觉醒来,剁手党在天猫双 11 已经买了 1000 亿元;13 点 09 分 49 秒,剁手党再次震惊世界,新的历史时刻出现,轻松打破 2016 年 1207 亿元的纪录;16 点整,2017 天猫双 11 全球狂欢节成交额超 1307 亿元,无线占比 91%;22 点,2017 天猫双 11 全球狂欢节成交额超 1543 亿元;23 点整,2017 天猫双 11 全球狂欢节成交额超 1593 亿元;24 点整,2017 天猫双 11 全球狂欢节最终成交额 1682 亿元。这天世界称之为奇迹!(如图 1-1)

图 1-1　2017 年天猫双 11 成交额

在这些网络发展的过程中,主要呈现出如下特点:

(1)农贸菜场都能在线支付,网民规模超乎想象

截至 2017 年 6 月,我国网民规模已经达到 7.51 亿,半年共计新增网民 1992 万人,半年增长率为 2.7%。互联网普及率为 54.3%,较 2016 年底提升 1.1 个百分点。

中国网民规模和互联网普及率　　　　　　　　　　　　　　　　　　单位:万人

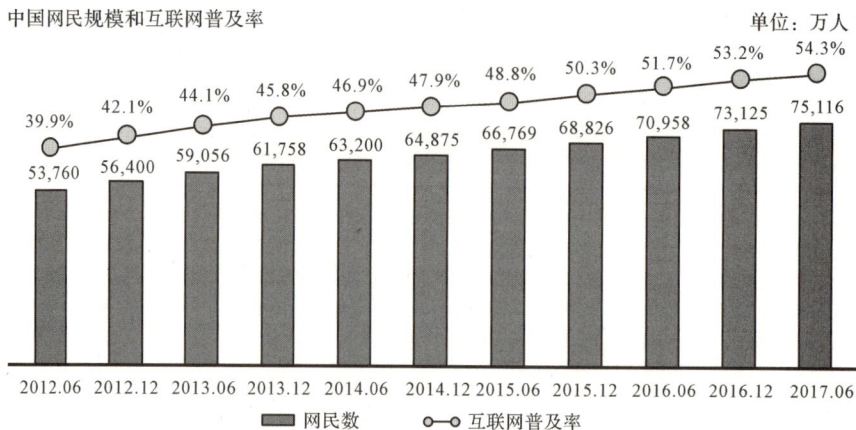

来源:CNNIC中国互联网络发展状况统计调查　　　　　　　　　　　2017.06

图 1-2　中国网民规模与互联网普及率

（2）基础资源保有量居世界前列，出口带宽大幅增长

截至 2017 年 6 月，我国 IPv4 地址数量达到 3.38 亿个、IPv6 地址数量达到 21283 块/32 地址，二者总量均居世界第二；中国网站数量为 506 万个，半年增长 4.8%；国际出口带宽达到 7,974,779Mbps，较 2016 年底增长 20.1%。

表 1-1　2016 年 12 月—2017 年 6 月中国互联网基础资源对比

	2016 年 12 月	2017 年 6 月	半年增长量	半年增长率
IPv4（个）	338,102,784	338,451,968	349,184	0.1%
IPv6（块/32）	21,188	21,283	95	0.4%
网站（个）	4,823,918	5,057,808	233,890	4.8%
其中，CN 下网站（个）	2,587,365	2,702,141	114,776	4.4%
国际出口带宽（Mbps）	6,640,291	7,974,779	1,334,488	20.1%

（3）城乡差异显著，农村发展潜力大

如果对网民数据进行细分可以发现，截至 2017 年 6 月，我国网民中农村网民占比 26.7%，规模为 2.01 亿；城镇网民占比 73.3%，规模为 5.50 亿，较 2016 年底增加 1988 万人，半年增幅为 3.7%。相较去年而言，城镇网民所占比例进一步上升，城乡间网民差距较大。CNNIC《报告》指出，城乡网民在互联网应用层面如即时通信使用率等方面差异最小，在 2 个百分点左右，但商务交易类、支付、新闻资讯等应用使用率方面差异较大，其中网上外卖使用率差异最大，为 26.8%。农村互联网市场的发展潜力依然较大。

中国网民城乡结构

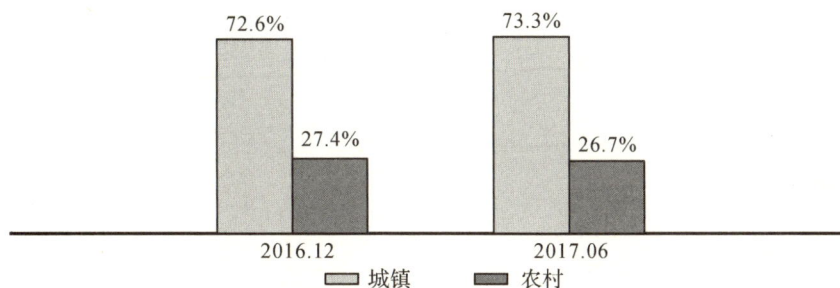

来源：CNNIC中国互联网络发展状况统计调查　　　2017.06

图 1-3　中国网民城乡结构

（4）手机网民占比达 96.3％,移动互联网主导地位强化

截至 2017 年 6 月,我国手机网民规模达 7.24 亿,较 2016 年底增加 2830 万人。网民中使用手机上网的比例由 2016 年底的 95.1％提升至 96.3％,手机上网比例持续提升。上半年,各类手机应用的用户规模不断上升,场景更加丰富。其中,手机外卖应用增长最为迅速,用户规模达到 2.74 亿,较 2016 年底增长 41.4％;移动支付用户规模达 5.02 亿,线下场景使用特点突出,4.63 亿网民在线下消费时使用手机进行支付。

中国手机网民规模及其占网民比例   单位:万人

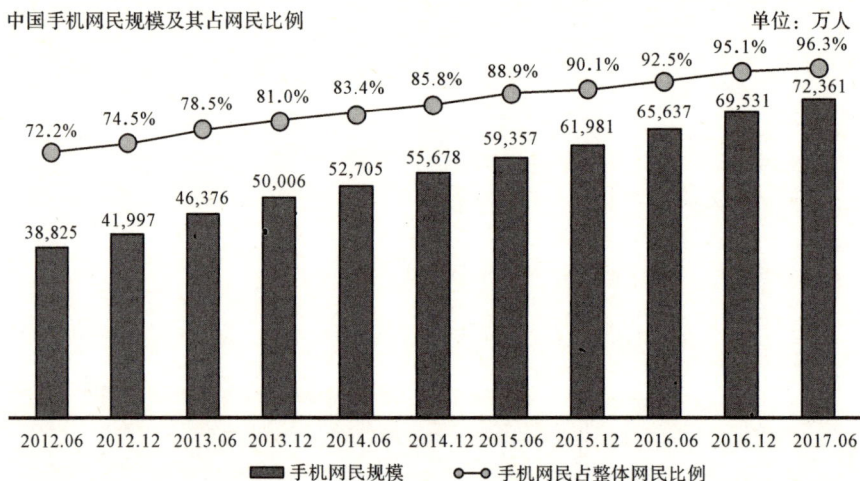

来源:CNNIC中国互联网络发展状况统计调查   2017.06

图 1-4　中国手机网民规模及其占网民比例

（5）网民结构年轻化,40 岁以上人群占比提升

就年龄结构而言,我国网民年龄结构依然偏向年轻,以 10～39 岁群体为主,占整体的 72.1％;其中 20～29 岁年龄段的网民占比最高,达 29.7％,10～19 岁、30～39 岁群体占比分别为 19.4％、23.0％。与 2016 年底相比,40 岁及以上中高龄群体占比增长 1.7 个百分点,互联网继续向这个年龄群体渗透。

中国网民年龄结构

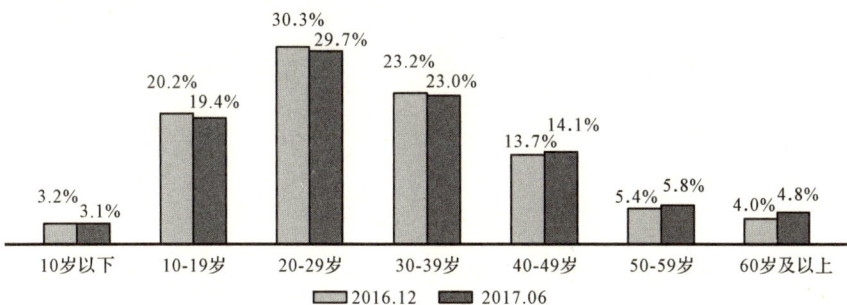

来源：CNNIC中国互联网络发展状况统计调查 2017.06

图 1-5 中国网民年龄结构

（6）即时通信、搜索引擎、网络新闻依然成为最高频应用

即时通信、搜索引擎、网络新闻作为基础的互联网应用，用户规模在 2017 年上半年趋于稳定。CNNIC《报告》指出，即时通信市场差异化进一步凸显，领先企业着力流量入口潜力挖掘、内容服务连接能力和商业模式成熟度培养三方面；搜索引擎应用继续保持移动化趋势，在用户体验方面，人工智能实际应用效果尚未明显提升，市场成长面临较大压力；网络新闻应用呈现出资讯聚合平台化、跨界竞争激烈化和技术核心化三方面趋势；社交应用内外发力，内部聚焦优质内容生产，外部积极与多产业拼接融合。

表 1-2 2016 年 12 月—2017 年 6 月中国网民各类互联网应用

应用	2017.06		2016.12		半年增长率
	用户规模（万）	网民使用率	用户规模（万）	网民使用率	
即时通信	69,163	92.1%	66,628	91.1%	3.8%
搜索引擎	60,945	81.1%	60,238	82.4%	1.2%
网络新闻	62,458	83.1%	61,390	84.0%	1.7%
网络视频	56,482	75.2%	54,455	74.5%	3.7%
网络音乐	52,413	69.8%	50,313	68.8%	4.2%
网上支付	51,104	68.0%	47,450	64.9%	7.7%
网络购物	51,443	68.5%	46,670	63.8%	10.2%
网络游戏	42,164	56.1%	41,704	57.0%	1.1%
网上银行	38,262	50.9%	36,552	50.0%	4.7%
网络文学	35,255	46.9%	33,319	45.6%	5.8%
旅行预订	33,363	44.4%	29,922	40.9%	11.5%

续　表

应用	2017.06		2016.12		半年增长率
	用户规模(万)	网民使用率	用户规模(万)	网民使用率	
电子邮件	26,306	35.0%	24,815	33.9%	6.0%
论坛/bbs	13,207	17.6%	12,079	16.5%	9.3%
互联网理财	12,614	16.8%	9,890	13.5%	27.5%
网上炒股或炒基金	6,848	9.1%	6,276	8.6%	9.1%
微博	29,071	38.7%	27,143	37.1%	7.1%
地图查询	46,998	62.6%	46,166	63.1%	1.8%
网上订外卖	29,534	39.3%	20,856	28.5%	41.6%
在线教育	14,426	19.2%	13,764	18.8%	4.8%
网约出租车	27,792	37.0%	22,463	30.7%	23.7%
网约专车或快车	21,733	28.9%	16,799	23.0%	29.4%
网络直播	34,259	45.6%			
共享单车	10,612	14.1%			

(7)使用率排名前三的社交应用均属于综合类社交应用

截至 2017 年 6 月,微信朋友圈、QQ 空间作为即时通信工具所衍生出来的社交服务,用户使用率分别为 84.3% 和 65.8%;微博作为社交媒体,得益于名人明星、网红及媒体内容生态的建立与不断强化,以及在短视频和移动直播上的深入布局,用户使用率达 38.7%。垂直类社交应用中,豆瓣网作为兴趣社交应用的代表,用户使用率为 8.6%。

2016.12-2017.06典型社交应用使用率

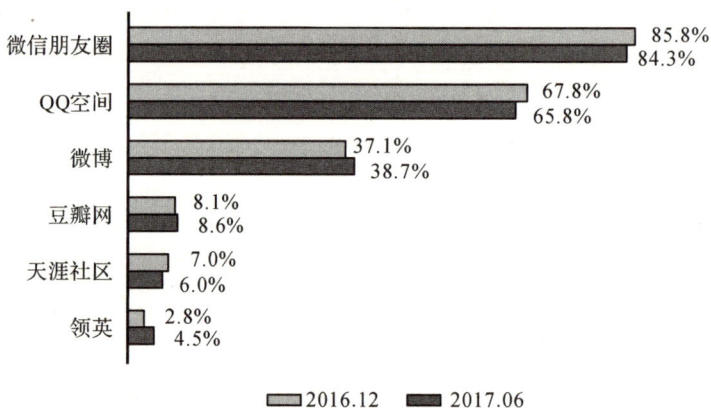

来源:CNNIC中国互联网络发展状况统计调查　　　　　　　　2017.06

图 1-6　2016 年 12 月—2017 年 6 月典型社交应用使用率

（8）线下支付持续发展，一线城市覆盖率高

截至 2017 年 6 月，我国使用网上支付的用户规模达到 5.11 亿，较 2016 年 12 月，网上支付用户增加 3654 万人，半年增长率为 7.7％，我国网民使用网上支付的比例从 64.9％提升至 68.0％。其中，手机支付用户规模增长迅速，达到 5.02 亿，半年增长率为 7.0％，网民手机网上支付的使用比例由 67.5％提升至 69.4％。

线下手机支付用户结算支付方式选择

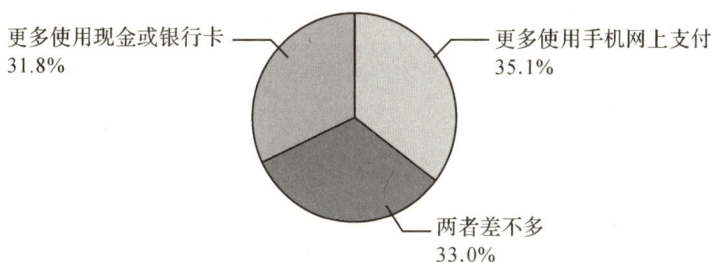

更多使用现金或银行卡
31.8%

更多使用手机网上支付
35.1%

两者差不多
33.0%

来源：CNNIC中国互联网络发展状况统计调查　　　　　　　　　　2017.06

图 1-7　线下手机支付用户结算支付方式选择

值得注意的是，网上支付的使用率已经超过网络购物，这意味着线下购物时的网络支付已经成为网络支付的重要补充。本次调查数据显示，网民中在线下购物时使用过手机网上支付结算的比例达到 61.6％。在线下消费使用手机网上支付的用户中，有 35.1％的用户表示日常线下消费更多使用手机网上支付，有 31.8％的用户表示更多使用现金、银行卡支付，其中一线城市线下消费更多使用手机网上支付的比例达到 40.9％。

另外，CNNIC《报告》还着重提到了线下支付的海外拓展。《报告》指出，一方面，我国支付企业采取与当地商户合作的方式，深挖海外旅游支付场景，以满足国内出境游网民境外支付需求为带动，逐步向当地消费者渗透；另一方面，通过收购、注资、开展战略合作等方式更快速地抢占海外市场，加速我国支付企业的全球化布局。

（9）手游增速提振，用户规模攀升

截至 2017 年 6 月，我国网络游戏用户规模达到 4.22 亿，较去年底增长 460 万，占整体网民的 56.1％。手机网络游戏用户规模为 3.85 亿，较

去年底增长 3380 万,占手机网民的 53.3%。

2016.12-2017.06网络游戏/手机网络游戏用户规模及使用率   单位:万人

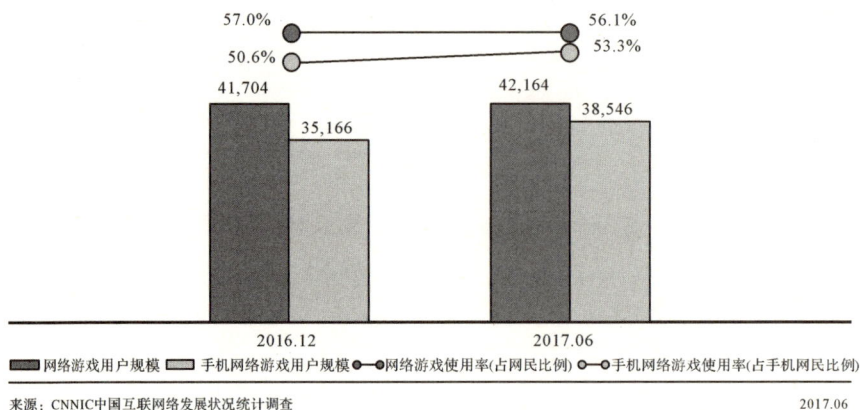

来源:CNNIC中国互联网络发展状况统计调查   2017.06

图 1-8　2016 年 12 月—2017 年 6 月网络游戏/手机网络游戏用户规模及使用率

从数据来看,网络游戏用户规模增幅不及手机网络游戏规模的增长幅度,手游使用率逐渐贴近网络游戏使用率。

(10)近 1/4 用户使用网络直播

从网络直播的内容类别来看,游戏直播和真人秀直播用户使用率明显增长。截至 2017 年 6 月,网络直播用户共 3.43 亿,占网民总体的 45.6%。其中,游戏直播用户规模达到 1.80 亿,较去年底增加 3386 万,占网民总体的 23.9%;真人秀直播用户规模达到 1.73 亿,较去年底增加 2851 万,占网民总体的 23.1%。

2016.12-2017.06游戏直播/真人秀直播用户规模及使用率   单位:万人

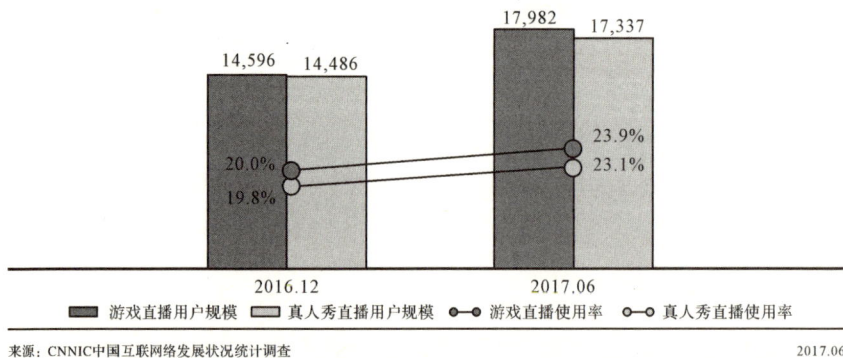

来源:CNNIC中国互联网络发展状况统计调查   2017.06

图 1-9　2016 年 12 月—2017 年 6 月游戏直播/真人秀直播用户规模及使用率

（11）网络出行快速发展

网约车市场经历资本驱动的急速扩张阶段，回归以全局为重的规范化发展道路。截至2017年6月，我国网约出租车用户规模达到2.78亿，较2016年底增加5329万，增长率为23.7％。网约专车或快车用户规模达到2.17亿，增长率为29.4％，用户使用比例由23.0％提升至28.9％。

2016.12-2017.06网约出租车/网约专车或快车用户规模及使用率　　　　　　　　　　单位：万人

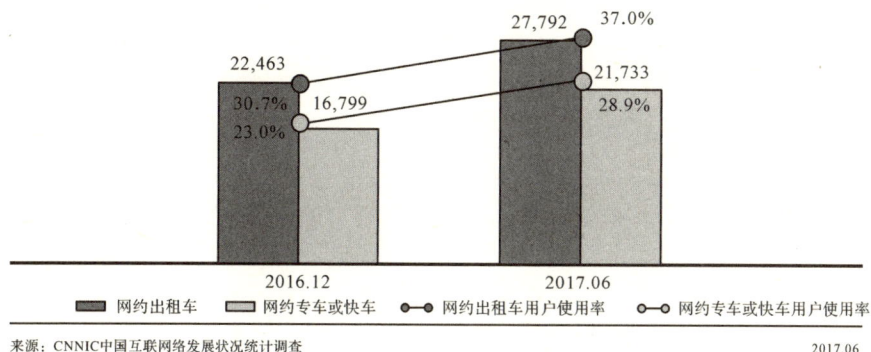

来源：CNNIC中国互联网络发展状况统计调查　　　　　　　　　　2017.06

图1-10　2016年12月—2017年6月网约出租车/网约专车或快车用户规模及使用率

共享单车方面，共享单车服务自2016年下半年起在资本的大力推动下实现了快速发展，小型共享单车创业公司不断涌现，行业头部品牌则在不足一年的时间里完成多轮融资。CNNIC《报告》显示，截至2017年6月，共享单车用户规模已达1.06亿，占网民总体的14.1％，其业务覆盖范围已经由一、二线城市向三、四线城市渗透，融资能力较强的共享单车品牌则开始涉足海外市场。

1.2　IP地址和域名

初次接触网络，偶尔使用网络购物，似懂非懂地碰到了网络"云"。那么，因特网（Internet）到底是什么？面对它，我们首先要了解一些什么？了解一个人，首先要从"人名"开始，了解Internet，我们当然也要从"域名"和"IP"入手。

1.2.1 域名

上网的第一件事,就是找一个网站看一看。去哪一个网站看?那就需要一个网站的地址,即网址。域名,简单地说就是网站的网址,域名的目的是让别人能够访问到一个网站。

正如人名又分成两部分:姓+名。网站的域名(网址)也分成几个部分,中间用点分隔,域名的前面又可以加上各类协议前缀,表示你想如何访问该网站,如图 1-11。

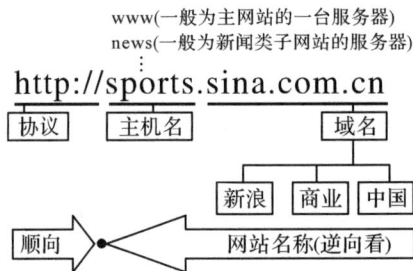

图 1-11　域名的基本组成

其中,一般的网络访问都是基于 http 协议(超文本传输协议),所以我们浏览网站时,可以直接输入相关的网址。但是,当我们不是想看一下网站的内容,而是想远程登录某网站进行文件存储时,我们就必须换一种协议,如 ftp 协议(文件传输协议)。如表 1-3 是部分域名结合协议的应用功能说明,表 1-4 是部分常用域名。

表 1-3　协议+域名的作用说明

协议+域名	作用描述
http://www.zimc.cn	浏览 www.zimc.cn 网站,主要观看网站内容
	http://协议最常用,所以常省略
ftp://www.ptzx.net	访问 www.ptzx.net 网站,以便上传或下载文件

表 1-4 部分常用域名

种类	域名
国内购物类	www. taobao. com(淘宝网)
	www. 3. cn 或 www. 360buy. com(京东网)
	www. dangdang. com(当当网)
	www. suning. com(苏宁易购)
	www. coo8. com(库巴网. 国美控股)
	www. yaofang. cn(药房网)
	www. 818. com(818 医药网)
新闻阅读类	news. sina. com. cn
	news. ifeng. com
科普知识类	songshuhui. net(科学松鼠会)
	www. guokr. com(果壳网)
浙江教育类	www. zjedu. gov. cn(浙江教育厅)
	www. zjedu. org(浙江教育技术网)
	www. zjzs. net(浙江教育考试网) (请勿访问 www. zjzs. com,并注意后缀区别)
	www. zjer. cn(浙江教育资源网)
免费邮箱类	www. 126. com(网易免费邮箱)
视频影视类	www. youku. com(优酷网)
	www. tudou. com(土豆网)
	www. iqiyi. com(奇艺高清)

在上面的域名表中,新浪网总站的域名是 www. sina. com. cn,它下设新闻类网站是 news. sina. com. cn,下设体育类网站是 sports. sina. com. cn。

域名也是一种有价资源,如 2012 年 6 月,京东商城耗资千万元收购单数字域名 3. cn 与双字母域名 jd. com,其中 3. cn 域名交易价格或为 500 万元。

1.2.2 IP 地址

域名好记,但不利于规划和管理。就像我们人名一样,每个人都喜欢给自己取一个好听响亮的名字,但却不利于公安部门的管理。为此,域名需要进行相应的数字编码设计,就像我们每个人都有对应的身份证

ID 一样。

IP 地址有 IPv4 和 IPv6 之分。目前我们普遍使用的是 IPv4 地址方案，未来几年 IPv6 将逐渐替换 IPv4。基于目前应用现状，下面主要针对 IPv4 介绍相关知识，文中所有出现 IP 地址的地方，如果未加注明，全部限于 IPv4 知识。

（1）IPv4 地址

全球 IPv4 地址数已于 2011 年 2 月分配完毕，自 2011 年开始我国 IPv4 地址总数基本维持不变，截至 2017 年 6 月，共计有 33845 万个。

中国IPv4地址资源变化情况　　　　　　　　　　　　　　　　　　　　单位：万个

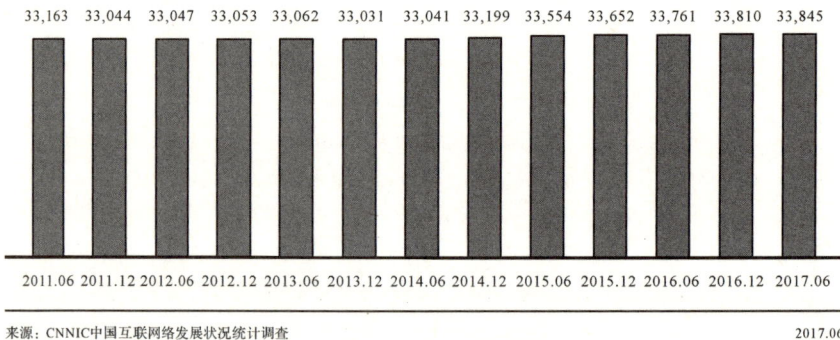

2011.06	2011.12	2012.06	2012.12	2013.06	2013.12	2014.06	2014.12	2015.06	2015.12	2016.06	2016.12	2017.06
33,163	33,044	33,047	33,053	33,062	33,031	33,041	33,199	33,554	33,652	33,761	33,810	33,845

来源：CNNIC中国互联网络发展状况统计调查　　　　　　　　　　　　　　　　2017.06

图 1-12　中国 IPv4 地址资源变化情况

IPv4 地址是一个 32 位的二进制数，它由网络 ID 和主机 ID 两部分组成，用来在网络中标识唯一的一台计算机。网络 ID 用来标识计算机所处的网段；主机 ID 用来标识计算机在网段中的位置。IP 地址通常用 4 组 3 位十进制数表示，中间用"."分隔。比如 192.168.0.1。

①IPv4 地址分类。

在 IPv4 地址中，为了方便 IP 寻址，将 IP 地址划分为 A、B、C、D 和 E 五类，每类 IP 地址对各个 IP 地址中用来表示网络 ID 和主机 ID 的位数做了明确的规定。当主机 ID 的位数确定之后，一个网络中最多能够包含的计算机数目也就确定了，用户可根据企业需要灵活选择一类 IP 地址构建网络结构。

A 类地址用 IP 地址前 8 位表示网络 ID，用 IP 地址后 24 位表示主机 ID。A 类地址用来表示网络 ID 的第一位必须以 0 开始，其他 7 位可以是任意值,当其他 7 位全为 0 时网络 ID 最小,即为 0;当其他 7 位全为 1 时网络 ID 最大,即为 127。网络 ID 不能为 0,它有特殊的用途,用来表示所有网段,所以网络 ID 最小为 1;网络 ID 也不能为 127;127 用来作为网络回路测试用。所以 A 类网络 ID 的有效范围是 1～126 共 126 个网络,每个网络可以包含 $2^{24}-2$ 台主机。

B 类地址用 IP 地址前 16 位表示网络 ID,用 IP 地址后 16 位表示主机 ID。B 类地址用来表示网络 ID 的前两位必须以 10 开始,其他 14 位可以是任意值,当其他 14 位全为 0 时网络 ID 最小,即为 128;当其他 14 位全为 1 时网络 ID 最大,第一个字节数最大,即为 191。B 类 IP 地址第一个字节的有效范围为 128～191,共 16384 个 B 类网络;每个 B 类网络可以包含 $2^{16}-2$ 台主机(即 65534 台主机)。

C 类地址用 IP 地址前 24 位表示网络 ID,用 IP 地址后 8 位表示主机 ID。C 类地址用来表示网络 ID 的前三位必须以 110 开始,其他 22 位可以是任意值,当其他 22 位全为 0 时网络 ID 最小,IP 地址的第一个字节为 192;当其他 22 位全为 1 时网络 ID 最大,第一个字节数最大,即为 223。C 类 IP 地址第一个字节的有效范围为 192～223,共 2097152 个 C 类网络;每个 C 类网络可以包含 $2^{8}-2$ 台主机(即 254 台主机)。

D 类地址用来多播使用,没有网络 ID 和主机 ID 之分,D 类 IP 地址的第一个字节前四位必须以 1110 开始,其他 28 位可以是任何值,D 类 IP 地址的有效范围为 224.0.0.0 到 239.255.255.255。

E 类地址保留实验用,没有网络 ID 和主机 ID 之分,E 类 IP 地址的第一字节前四位必须以 1111 开始,其他 28 位可以是任何值,则 E 类 IP 地址的有效范围为 240.0.0.0 至 255.255.255.254。其中 255.255.255.2555 表示广播地址。

在实际应用中,只有 A、B 和 C 三类 IP 地址能够直接分配给主机,D 类和 E 类不能直接分配给计算机。

②公共 IP 和私有 IP 地址。

IP 地址由 IANA(Internet 地址分配机构)管理和分配,任何一个 IP 地址要能够在 Internet 上使用就必须由 IANA 分配,IANA 分配的能够在 Internet 上正常使用的 IP 地址称为公共 IP 地址;IANA 保留了一部分 IP 地址没有分配给任何机构和个人,这部分 IP 地址不能在 Internet 上使用,此类 IP 地址就称为私有 IP 地址。为什么私有 IP 地址不能在 Internet 上使用呢?因为 Internet 上没有私有 IP 地址的路由。私有 IP 地址范围包括:

A 类:10.0.0.0/8

B 类:172.16.0.0/12 即 172.16.0.1~172.31.255.254 共 16 个 B 类网络

C 类:192.168.0.0/16 即 192.168.0.1~192.168.255.254 共 256 个 C 类网络

③IPV4 地址网络 ID、主机 ID 和子网掩码。

网络 ID 用来表示计算机属于哪一个网络,网络 ID 相同的计算机不需要通过路由器连接就能够直接通信,我们把网络 ID 相同的计算机组成一个网络称为本地网络(网段);网络 ID 不相同的计算机之间通信必须通过路由器连接,我们把网络 ID 不相同的计算机称为远程计算机。

当为一台计算机分配 IP 地址后,该计算机的 IP 地址哪部分表示网络 ID,哪部分表示主机 ID,并不由 IP 地址所属的类来确定,而是由子网掩码确定。子网确定一个 IP 地址属于哪一个子网。

子网掩码的格式是以连续的 255 后面跟连续的 0 表示,其中连续的 255 这部分表示网络 ID;连续的 0 部分表示主机 ID。比如,子网掩码 255.255.0.0 和 255.255.255.0。

根据子网掩码的格式可以发现,子网掩码有 0.0.0.0、255.0.0.0、255.255.0.0、255.255.255.0 和 255.255.255.255 共五种。采用这种格式的子网掩码每个网络中主机的数目相差至少为 256 倍,不利于灵活根据企业需要分配 IP 地址。比如,一个企业有 2000 台计算机,用户要么为其分配子网掩为 255.255.0.0,那么该网络可包含 65534 台计算机,将造成 63534 个 IP 地址的浪费;要么用户为其分配 8 个 255.255.255.0 网络,那么必须用路由器连接这 8 个网络,造成网络管理和维护的负担。

网络 ID 是 IP 地址与子网掩码进行与运算获得,即将 IP 地址中表示主机 ID 的部分全部变为 0,表示网络 ID 的部分保持不变,则网络 ID 的格式与 IP 地址相同都是 32 位的二进制数;主机 ID 就是表示主机 ID

的部分。

例题 1:IP 地址:192.168.23.35　子网掩码:255.255.0.0

网络 ID:192.168.0.0　主机 ID:23.35

例题 2:IP 地址:192.168.23.35　子网掩码:255.255.255.0

网络 ID:192.168.23.0　主机 ID:35

④子网和 CIDR。

将常规的子网掩码转换为二进制,可以发现子网掩码格式为连续的二进制 1 跟连续的 0,其中子网掩码中为 1 的部分表示网络 ID,子网掩码中为 0 的表示主机 ID。比如 255.255.0.0 转换为二进制为 11111111 11111111 00000000 00000000。

在前面所举的例子中为什么不用连续的 1 部分表示网络 ID,连续的 0 部分表示主机 ID 呢? 答案是肯定的,采用这种方案的 IP 寻址技术称为无类域间路由(CIDR)。CIDR 技术用子网掩码中连续的 1 部分表示网络 ID,连续的 0 部分表示主机 ID。比如,网络中包含 2000 台计算机,只需要用 11 位表示主机 ID,用 21 位表示网络 ID,则子网掩码表示为 11111111.11111111.11100000.00000000, 转 换 为 十 进 制 则 为 255.255.224.0。此时,该网络将包含 2046 台计算机,既不会造成 IP 地址的浪费,也不会利用路由器连接网络,增加额外的管理维护量。

CIDR 表示方法:IP 地址/网络 ID 的位数,比如 192.168.23.35/21,其中用 21 位表示网络 ID。

例题 1:192.168.23.35/21

子网掩码:11111111 11111111 11111000 00000000 则为 255.255.248.0

网络 ID:192.168.00010111.0(其中第三个字节表示网络 ID,其他表示主机 ID,网络 ID 是表示网络地址部分保持不变,主机 ID 全部变为 0)则网络 ID 为 192.168.23.0

起始 IP 地址:192.168.16.1(主机 ID 不能全为 0,全为 0 表示网络 ID 最后一位为 1)

结束 IP 地址:192.168.00010111.11111110(主机 ID 不能全为 1,全为 1 表示本地广播)则结束 IP 地址为 192.168.23.254

例题 2:将 163.135.0.0 划分为 16 个子网,计算前两个子网的网络

ID、子网掩码、起止 IP 地址。

第 1 步:用 CIDR 表示 163.135.0.0/20,则子网掩码为 255.255.240 (11110000).0。

第 2 步:第一网络 ID(子网掩码与 IP 地址与运算):163.135.0.0

第一个 IP 地址:163.135.0.1

结束 IP 地址:163.135.15.254;

第 3 步:第二网络 ID:163.135.16.0

第一个 IP 地址:163.135.16.1

结束 IP 地址:163.135.31.254。

⑤子网掩码和网络 ID 的快速计算方法。

CIDR 的子网掩码都是连续的 1 跟连接的 0 表示,则子网掩码有以下几种表示方法:

表 1-5 子网掩码的表示方法数计算

子网掩码	方法数
0000 0000	0
1000 0000	128
1100 0000	128+64=192
1110 0000	128+64+32=224
1111 0000	255-15=240
1111 1000	255-7=248
1111 1100	255-3=252
1111 1110	255-1=254
1111 1111	255

大家都知道 11111111 的十进制数为 255,那么我们怎么来快速计算子网掩码呢? 二进制的 1=1,11=3,111=7,1111=15;那么 1111 1110 =255-1,1111 1100=255-3,1111 1000=255-8,1111 0000=255-15 这样是不是就很快呢? 只要我们一旦确定子网掩码中有多少位表示网络 ID,那么我们马上就可以写出子网掩码了。那么,对于 1000 0000, 1100 0000 和 1110 0000 我们又该怎么计算呢? $2^7=128$ 则 1000 0000= 128,1100 0000=128+64,1110 0000=128+64+32,所以我们不需要去记住每一个为多少,只需要做做简单的加减法就能搞定子网掩码的

计算。

网络 ID 的结果大家都知道网络 ID 部分不变，主机 ID 部分全部变为 0，那么在计算网络 ID 时，首先看子网掩码中有多少位用来表示网络，相应在将 IP 地址转换为二进制时就只转换前面几位，比如 192.168.176.15/19，网络 ID 一共 19 位，则网络 ID 前两个字节为 192.168.X.0 发生变化的为第三个字节。那么怎样快速计算出这个变化的 X 的值呢？我们知道，第三字节只有三位表示网络 ID，转换时 176 > 128，第 1 位为 1，176－128＝48<64，第 2 位为 0，48>32，第 3 位为 1，剩下的计算就没有意义了，全都要转换为 0，则网络 ID 为 10100000，则网络 ID 为 192.168.160.0，这样计算反而出错的可能性很小。

⑥子网数和主机数的计算方法。

例题：172.168.34.56/20，一共划分为了多少个子网，各子网可以包含多少台主机。

172.168.34.56 是一个 B 类地址，B 类地址用 16 位表示网络 ID，题目中 20 位表示网络 ID，则子网位数为 4 位，那么子网就有 2^4 次个（即从 0000、0001 到 1111 的 16 种变化）。

由于 IP 地址是 32 位，用 20 位表示网络 ID，则主机 ID 的位数为 12 位，则每个子网可以包含 $2^{12}－2$ 个 IP 地址，即可以包含 4096 个 IP 地址。

注意：为什么计算 IP 地址时要减 2，而计算子网数目时不减 2 呢？IP 地址减 2 的原因是主机 ID 不能全为 0 也不能全为 1，子网就不存在这个问题。

(2)IPv6 地址

截至 2017 年 6 月，我国 IPv6 地址数量为 21283 块/32。IPv6 是下一代互联网的发展起点，其意义不仅在于解决 IPv4 时代地址资源枯竭的问题，同时 IPv6 还将成为其他技术发展的基础，支撑物联网、云计算等新兴互联网产业的发展。面对这一机遇，我国政府极为重视并积极推动相关战略的制定，2011 年 12 月，国务院常务会议研究部署加快发展我国下一代互联网产业，明确了我国发展下一代互联网的路线图，提出将在 2013 年年底前开展 IPv6 网络小规模商用，并在 2014 至 2015 年开展大规模部署和商用,这一规划将加速我国 IPv6 及下一代互联网产业的发展步伐,提升我国在一系列新兴互联网产业中的国际竞争力。

中国IPv6地址数量   单位:块/32

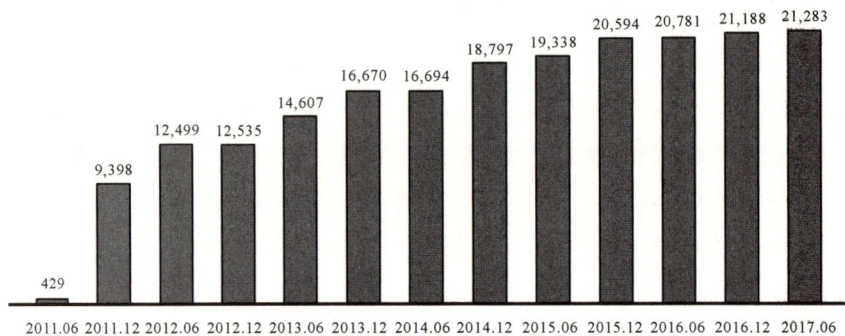

来源:CNNIC中国互联网络发展状况统计调查   2017.06

图 1-13　中国 IPv6 地址资源变化情况

随着信息技术的发展,IPv4 可用 IP 地址数目已经不能满足人们日常的需要,过去一户人家一般只有一台计算机需要 IP 地址,现在每户人家可能有多种信息技术获取设备,比如计算机、笔记本、手机和智能化冰箱等,每种设备都需要相应的 IP 地址接入因特网。为了解决该问题开发了 IPv6 规范,IPv6 用 128 位表示 IP 地址,其表示为 8 组 4 位 16 进制数,中间为“:”分隔。比如 AB32 : 33ea : 89dc : cc47 : abcd : ef12 : abcd : ef12。

1.3　TCP/IP 概述

TCP/IP 无处不在。它不是某时某地存在的物理事物,它是一组协议,这组协议使任何具有计算机、调制解调器和 Internet 服务提供者的用户能访问和共享 Internet 上的信息。TCP 和 IP 是两个独立且紧密结合的协议,负责管理和引导数据报文在 Internet 上的传输。二者使用专门的报文头定义每个报文的内容。TCP 负责和远程主机的连接。而 IP 负责寻址,使报文被送到其该去的地方。

1.3.1　TCP/IP 的优点

TCP/IP 使跨平台,或称为异构的网络互联成为可能。TCP/IP 有如下的特性:好的破坏恢复机制;能够在不中断现有服务的情况下加入网络;高效的错误率处理;平台无关性;低数据开销。

因为 TCP/IP 最初的设计目的与国防部有关,所以,上面的特性实际上是 TCP/IP 的设计要求。"好的破坏恢复机制"基于下面的想法:当网络被侵入或攻击而遭到破坏时,它的剩余部分仍能完全工作。在不中止已存在于某一处服务的前提下加入整个网络的能力基于同样的道理。处理高错误率的能力基于如下考虑:如果报文信息使用一个路由丢失时,应该有一种机制使其能够通过另一路由到达目的地。TCP/IP 如此高效依赖于它的低开销。性能是任何网络的关键。在速度和简单性方面没有其他协议可以与 TCP/IP 媲美。

1.3.2　TCP/IP 的层和协议

TCP 和 IP 共同管理网络上流进和流出的数据流。IP 不停地把报文放到以太网上,而 TCP 负责确信报文到达。TCP 负责下面的工作:握手过程;报文管理;流量控制;错误检测和处理。

(1)体系结构

TCP/IP 是处理上述所有操作并和远程主机通信的一个环境。TCP/IP 由四层组成,这与 OSI 由七层组成不相同。这四层包括:应用层(Application);传输层(Transport);网络层(Network);链路层(Link)。

TCP/IP 和 OSI 之间在层格式方面的主要区别是:传输层不保证任何时刻的传输。TCP/IP 为用户提供用户数据报协议(UDP),这是一个更简单的协议,在 UDP 中,TCP/IP 协议栈中的所有层执行特定的工作或运行应用。

①应用层。应用层包括 SMTP、FTP、NIS、LPD、Telnet 和 Remote Login。对于大多数 Internet 用户来说这些都是很熟悉的。它包括一些服务,这些服务在 OSI 中独立的三层实现。这些服务是和端用户相关的认证、数据处理以及压缩。包括电子邮件、浏览器、Telnet 客户以及其他

的 Internet 应用。

②传输层。传输层包括 UDP 和 TCP。UDP 几乎不进行检查,而 TCP 提供传输保证。与 OSI 中传输层不一样,TCP 不保证报文的准确传输。其基本作用是管理源和目的之间的报文传输。OSI 中传输层保证报文是经过检验的,并且假如报文有错,报文会被要求重传。

③网络层。网络层由以下协议组成:ICMP、IP、IGMP、RIP、OSPF 和用于路由的 EGP,用户不必操心这些,因为它们是相当底层的东西。它处理报文的路由管理。这一层根据接收报文的信息决定报文的去向。

④链路层。链路层包括 ARP 和 RARP,负责报文传输。它管理网络的连接并提供网络上的报文输入/输出,但这一层不工作于应用级。

(2)传输控制协议

传输控制协议(TCP)提供了可靠的报文流传输和对上层应用的连接服务,TCP 使用顺序的应答,能够按需重传报文。

1.3.3 远程登录(Telnet)

Telnet 是 TELecommunications NETwork 的缩写,其名字具有双重含义,既指应用也是指协议自身。Telnet 给用户提供了一种通过其联网的终端登录服务器的方式。Telnet 通过端口号 23 工作。Telnet 要求有一个 telnet 服务器,此服务器驻留在主机上,等待着远程机器的授权登录。

1.3.4 文件传输协议(FTP)

Telnet 具有和远端主要相连接的能力,而 FTP 则更具有被动性,它允许用户把文件在远端服务器和本地主机之间移动。这对于想从一个地方把大的文件移动到另一个地方,而又不通过以前建立的"热"连接的 Web 管理员或任何人而言,是非常理想的。FTP 是典型的在所谓被动模式下工作的协议,这种模式把目录树结构下载于客户端然后连接就断开了,但是客户程序周期性和服务器保持联系以使端口始终是打开的。

1.3.5 普通文件传输协议(TFTP)

TFTP 如其名,虽然和 FTP 有联系但却只具有 FTP 的非常小的一部分功能。TFTP 使用 UDP,就像 TFTP 与 FTP 的关系,UDP 和 TCP 相对,TFTP 不具有报文监控能力和有效的错误处理能力。但是这些限制同样减少了过程开销。TFTP 不是可靠的协议,仅仅是连接。作为嵌入式的保护的机制,TFTP 仅仅允许移动可公共访问的文件。这并不意味着 TFTP 可被忽视,不具人潜在危险性。

使用 TFTP 时,安全并不是主要关心的问题,TFTP 一般用于嵌入式应用。在这种场合下,空间的首先需要关心的问题,安全问题可用其他解决。TFTP 亦用于机器需从远程服务器引导的网络计算机环境。

1.3.6　简单邮件传输协议(SMTP)

SMTP 是通过网络,主要是 Internet 传输电子邮件的标准。所有的操作系统具有使用 SMTP 收发电子邮件的客户端程序,绝大多数 Internet 服务提供者使用 SMTP 作为其输出邮件服务器的协议。

SMTP 被设计成在各种网络环境下进行电子邮件信息的传输,实际上,SMTP 真正关心的不是邮件如何被传送,而只对邮件顺利到达目的地关心。SMTP 能够辗转于进程间通信环境(Interprocess Communication Environment,IPCE)之中,因为 IPCE 层能够不考虑传输协议和媒体类型进行通讯。

SMTP 具有健壮的邮件处理特征,这种特性允许邮件依据一定标准自动路由。SMTP 具有当邮件地址不存在时立即通知用户的能力,并且具有把在一定时间内不可传输的邮件返回发送方的特点。SMTP 使用端口号 25。

1.4　身边的网络管理机构

因特网是一种非常奇特的网络,它没有官方的管理机构,IP 地址的最初架构与管理都在一家美国私人公司手中。目前的一些组织或机构都是出于网络应用的实际需求才设立。

(1)域名注册管理机构

域名注册管理机构的主要职责是:负责运行和管理相应的域名系

统,维护域名数据库,授权域名注册服务机构提供域名注册服务,等等。为了确保域名注册和解析途径的唯一性,避免发生域名冲突,通常每一个顶级域名只能有一个 Registry。Registry 必须经过域名管理机构的授权和认可。在国际域名体系中,顶级域名中的地理顶级域名,通常是由相应国家或者地区的互联网信息中心(NIC)负责。例如在我国,.cn 域名就是在信息产业部的授权下由 CNNIC 具体负责的。在韩国则是KRNIC 负责.kr 的注册管理事宜。顶级域名体系中的类别顶级域名(如.com、.net),是由 ICANN 授权给一家特定机构来负责其注册管理。需要注意的是:域名注册管理机构并不负责受理具体的域名注册申请。

目前,我国的 gov.cn 和 edu.cn 两类域名的注册非常正规,一般的个人或单位都不能注册,我们在访问此类网站时都能令人信任。如浙江教育网的地址是 www.zjedu.gov.cn,浙江大学的网址是 www.zju.edu.cn 等。

(2)我国因特网服务供应商

我国国内主要因特网服务供应商(ISP)有中国电信、中国联通、中国移动、中国科技网、中国教育和科研计算机网等。

其中中国电信是国内最主要的 ISP,它拥有以光缆为主,卫星和数字微波为辅的全方位、大容量、多手段、高速率、安全可靠的通信传输网、世界先进水平的电话交换网、完整统一的公用数据通信网络,以及覆盖全国的智能网、七号信令网、数字同步网和电信管理网等强大的业务支撑网络,现也拥有固话、宽带、CDMA 手机、3G、城市光网业务等。

表 1-6 我国主要 ISP 国际出口带宽数(2017 年 CNNIC 报告)

	国际出口带宽数(Mbps)
中国电信	4,451,036
中国联通	2,200,947
中国移动	1,208,108
中国教育和科研计算机网	61,440
中国科技网	53,248
中国国际经济贸易互联网	2
合计	7,974,779

（3）中国网络警察

根据《中华人民共和国人民警察法》第六条的规定,人民警察应当依法履行"监督管理计算机信息系统的安全保卫工作"的职责。据此而言,目前正在从事公共信息网络安全监察工作的人民警察当称为"网络警察"。

随着网络犯罪愈演愈烈,中国最年轻的警种,网络警察也随之出现,网络警察的出现是网络安全发展的结果。面对严峻的网络安全形势,网络警察必须担负起监督管理计算机信息系统的安全保卫工作,这就要求网络警察必须有较高的政治素质、专业素质、业务素质、文化素质、身体素质以及其他方面的素质。只有这样,网络警察才能对付日益猖獗的网络犯罪,才能真正胜任计算机信息系统的安全保护工作。

目前,国内部分网站都有网络警察链接。

搭建家用小网络

第二天

知识点导读
2.1 家居网络设备组网
2.2 家用无线路由器安装设置
2.3 小型企业网络组建

2.1 家居网络设备组网

家庭网络(Home Network):指的是集家庭控制网络和多媒体信息网络于一体的家庭信息化平台,是在家庭范围内实现信息设备、通信设备、娱乐设备、家用电器、自动化设备、照明设备、保安(监控)装置及水电气热表设备、家庭求助报警等设备互连和管理,以及数据和多媒体信息共享的系统。家庭网络系统构成了智能化家庭设备系统,提高了家庭生活、学习、工作、娱乐的品质,是数字化家的发展方向。

中国已经颁布的六项家庭网络标准分别覆盖了家庭网络的体系结构、家庭主网通信协议、家庭子网通信协议、家庭设备描述规范及一致性测试规范等,它们构成了家庭网络标准体系的基础协议。这六项标准分别为:SJ/T 11312—2005《家庭主网通信协议规范》、SJ/T 11313—2005《家庭主网接口一致性测试规范》、SJ/T 11314—2005《家庭控制子网通信协议规范》、SJ/T 11315—2005《家庭控制子网接口一致性测试规范》、SJ/T 11316—2005《家庭网络系统体系结构及参考模型》和 SJ/T 11317—2005《家庭网络设备描述文件规范》。

要建立一个家庭网络系统,首先要确定家庭网络的组成部分,各个组成部分间的相互关系、功能和作用,以及家庭网络应用和覆盖范围等基本问题。《家庭网络系统体系结构及参考模型》就是起这个作用。该标准给出了家庭网络的标准体系框架和基础结构,是整个标准体系的基础。

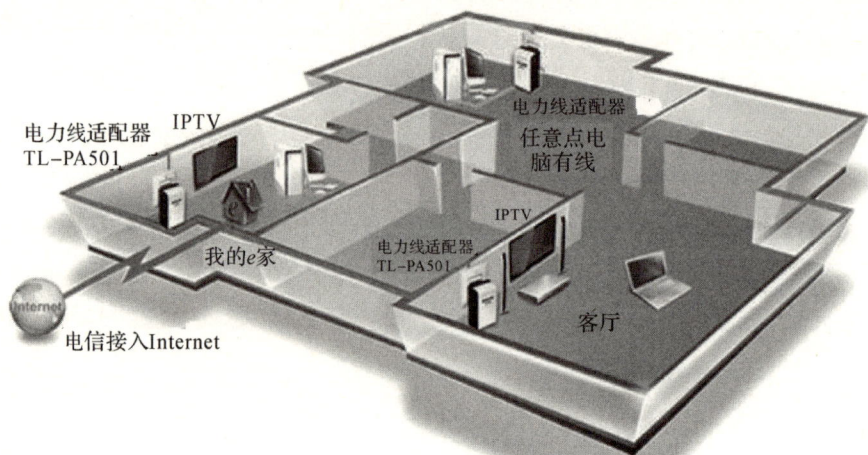

图 2-1 家用网络示意图

未来基于家庭网络的功能应该有：

①视频服务，主要为家庭内提供各类视频娱乐节目服务；

②信息采集，即可收集业主家居运行的各种参数，包括水表、电表、煤气表、热量表的计量数据以及居室温湿度等，并可以通过家庭网络接入业主的各种网络终端；

③家用电器的启停管理；

④智能化控制。

规划家庭网络布线时，要注意和噪声源的距离，网线不能和电源线放在同一线管内，网线不能和电源线使用同一个墙面穿孔，在 EIA/TIA-569 标准中规定了 380V 以下电源线与 UTP 应隔开的距离。

2.1.1 RJ45 接头网线制作

RJ45 型网线插头又称水晶头，共有八芯做成，广泛应用于局域网和 ADSL 宽带上网用户的网络设备间网线（称作五类线或双绞线）的连接。普通家庭还有一种 RJ11，它就是座式电话机的插头，由于两者的尺寸不同（RJ11 一般为 4 针，RJ45 为 8 针连接器件），显然 RJ45 插头不能插入 RJ11 插孔。反过来却在物理上是可行的（RJ11 插头比 RJ45 插孔小），由此让人误以为两者应该或者能够协同工作。实际上不是这样。强烈建议不要将 RJ11 插头用于 RJ45 插孔。

　　RJ45 连接器包括一个插头和一个插孔（或插座）。插孔安装在机器上，而插头和连接导线（现在最常用的就是采用无屏蔽双绞线的 5 类线或 6 类线）相连。EIA/TIA 制定的布线标准规定了 8 根针脚的编号。

　　如果看插头，将插头的末端面对眼睛，而且针脚的接触点在插头的下方，那么最左边是 1，最右边是 8。8 根针脚的具体作用如表 2-1 和图 2-2。

表 2-1　RJ45 网线的作用

针脚	1	2	3	4	5	6	7	8
作用	发送	发送	接收	不使用	不使用	接收	不使用	不使用

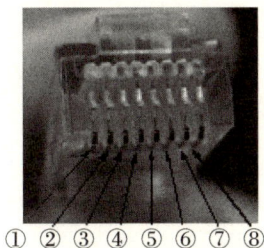

图 2-2　RJ45 网线头

　　EIA/TIA-568 标准规定了两种 RJ45 接头网线的连接标准（并没有实质上的差别），即 EIA/TIA-568A 和 EIA/TIA-568B。相应标准与线材颜色对应如下表 2-2 所示。

表 2-2　EIA/TIA-568A 和 EIA/TIA-568B 网线头线材连接方法

RJ45 网线头 T568A 规定的连接方法	RJ45 网线头 T568B 规定的连接方法
1——白绿 2——绿色 3——白橙 4——蓝色 5——白蓝 6——橙色 7——白棕 8——棕色	1——白橙 2——橙色 3——白绿 4——蓝色 5——白蓝 6——绿色 7——白棕 8——棕色

　　其实 8 根线只有四种颜色，它们分别是绿色、蓝色、棕色和橙色，通过一定的组合（每种颜色的线都会和一条白色线组成一对线）或者在每组白色线上涂上少量该组颜色，从而出现 8 种颜色线。如：

白绿线:就是白色的外层上有些绿色,表示和绿色的是一对线;

白橙线:就是白色的外层上有些橙色,表示和橙色的是一对线;

白蓝线:就是白色的外层上有些蓝色,表示和蓝色的是一对线;

白棕线:就是白色的外层上有些棕色,表示和棕色的是一对线。

在通常的工程实践中,T568B使用得较多。不管使用哪一种标准,一根5类线的两端必须都使用同一种标准。

这里要特别强调一下,线序是不能随意改动的。例如,从上面的连接标准来看,1和2是一对线,而3和6又是一对线。但如果我们将以上规定的线序弄乱,例如,将1和3用作发送的一对线,而将2和4用作接收的一对线,那么这些连接导线的抗干扰能力就要下降,误码率就可能增大,这样就不能保证以太网的正常工作。具体网线制作流程如图2-3所示。

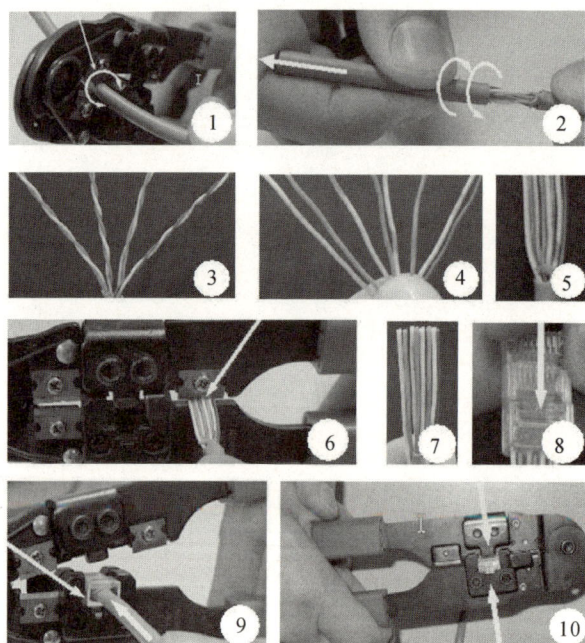

图2-3 网线制作流程示意图

网线做好以后,就要用测线仪检测是否正常运作,以下介绍一下测线仪的使用。

测线仪一般由主机和子机两部分组成,两部分上面都有8个指示灯和2个接口(BNC接口和RJ45接口)。

　　将网线的一端接入测线仪的一个 RJ45 口中,另一端接另一个 RJ45 口,打开电源开关。测线仪上有两组相对应的指示灯,一组从 1～8,另一组从 8～1,也有不同品牌的两组顺序相同。开机测试后,这两组灯一对一地亮起来,比如第一组是 1 号灯亮,另一组也是 1 号灯亮,这样依次闪亮直到 8 号灯。如果哪一组的灯没有亮,则表示网线有问题,几号灯亮则表示几号线,可以按照排线顺序推出来(如图 2-4)。不过一般都是直接换个水晶头重做。

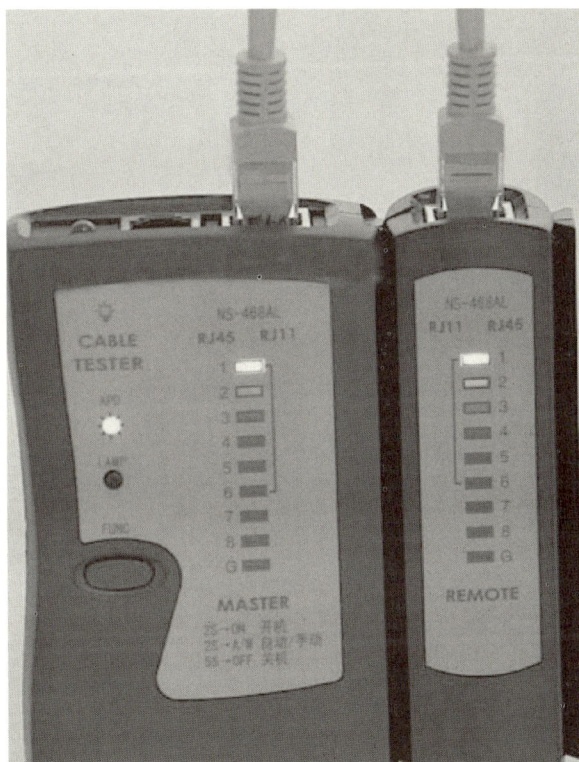

图 2-4　RJ45 网线测试

2.1.2　家庭常用组网案例

　　近几年,普通家庭对网络应用的要求主要有:

　　①手机、笔记本、台式电脑上网需求;

　　②家庭 IPTV 电视收看需求;

③网络硬盘播放器播放视频需求；

④家庭小型 NAS 设备数据存储需求；

⑤家庭监控设备组网需求；

⑥各家用电器的云应用。

图 2-5 是一种基本的家庭网络应用，它主要由电力猫和传统无线路由器作为网络组建中间设备。它可以满足手机、笔记本、台式电脑上网需求，也可以方便地把家庭监控设备信号接入网络，实现普通家庭的智能化网络应用需求。

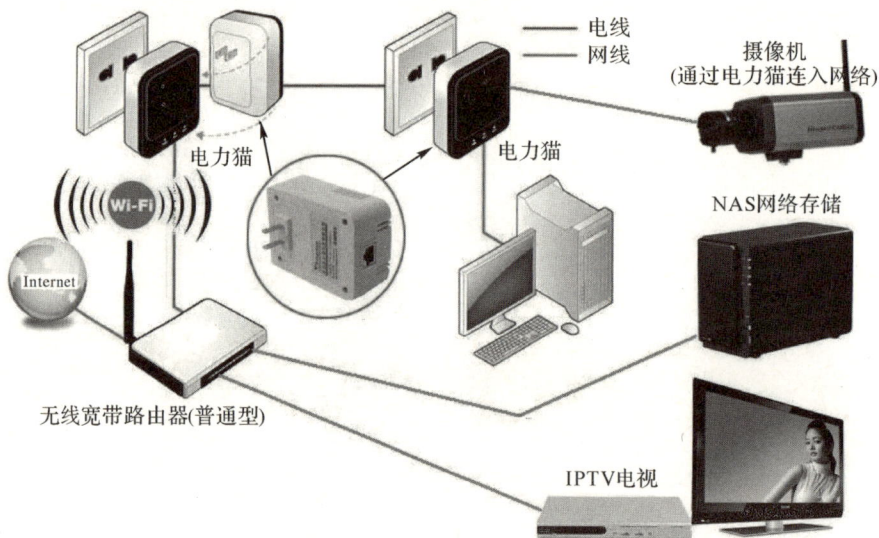

图 2-5 家庭网络设备应用示意图

★具体的组网案例应用

案例 1 用电信天翼网关（带光纤接入、含路由功能的无线路由器）安装与设置（2016 年开始，主流的上网设备）。

说明：一般电信设备都支持上门免费服务，以下安装与设置只供参考。

华为 hg8145C 终端 EPON 光猫一台，发热低，信号强。电脑系统为 Windows 7。

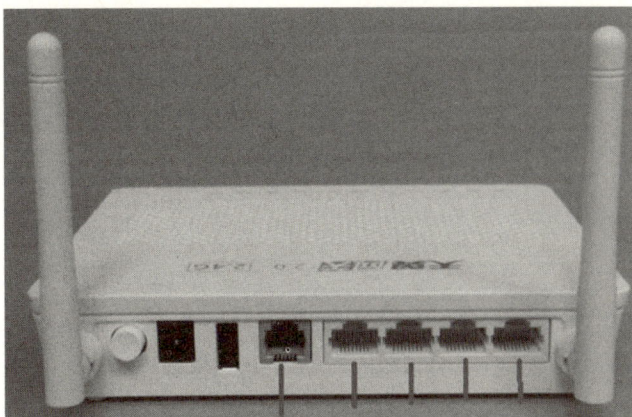

电话　百兆口 百兆口 iTV 千兆口

图 2-6

它的背面,自带有无线名称、无线接入密码、有线的管理 IP 地址等。

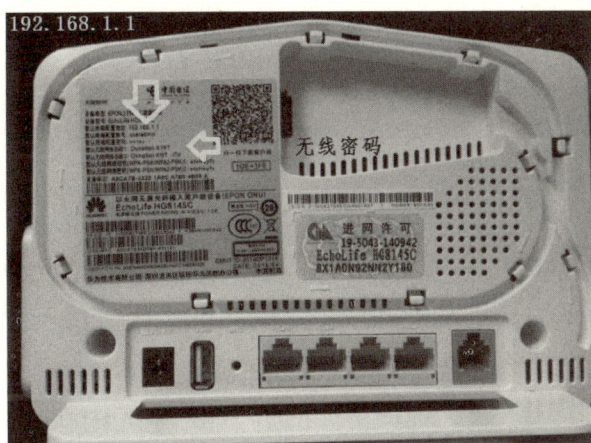

图 2-7

把自己的电脑的 IP 设成自动登录,如下图:

图 2-8

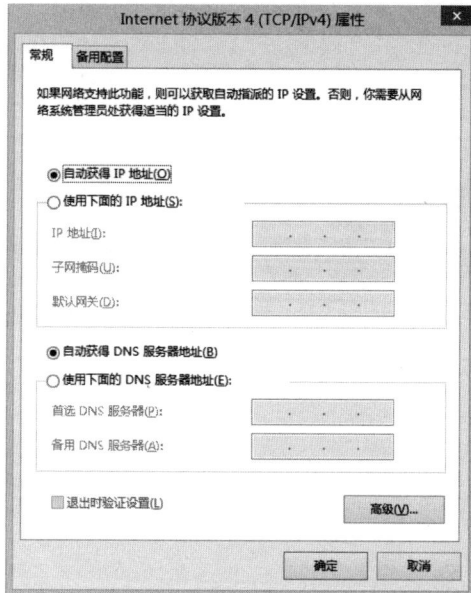

图 2-9

点击"确认"后,在浏览器输入192.168.1.1,如果无法进入登录界面请清空浏览器的记录跟cookie,或者禁用本地连接,再启用本地连接。见图解:

图 2-10

进入界面后,输入用户密码,密码一般都在路由器的背面,并出现设置界面。

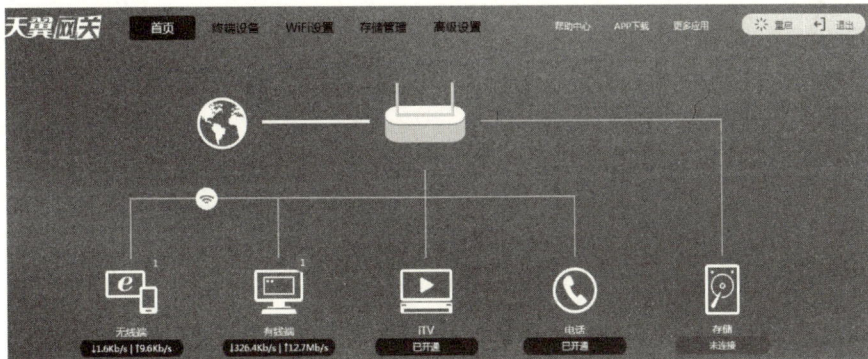

图 2-11

然后,你就可以自由地更改设置。

修改无线WiFi密码。

图 2-12

定时开关 WiFi,省电减辐射。

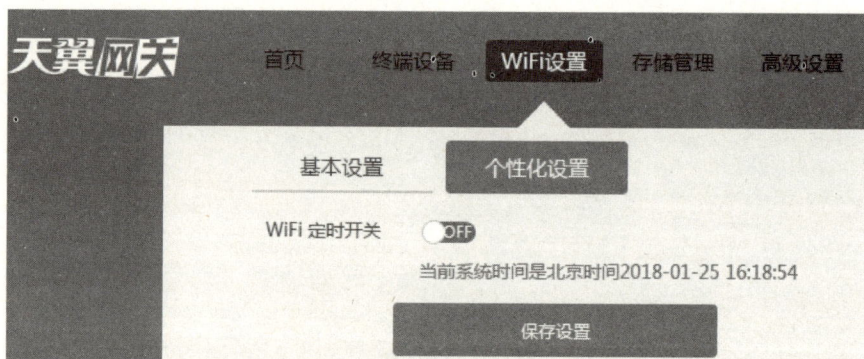

图 2-13

你也可以把自己家里的一台电脑设置成可供他人访问的网站服务器(此招特别对一些小型企业的远程办公有用)。

图 2-14

案例 2 最基本家庭无线上网接线(此种非光纤设备上网已较少见),只有一台电脑,利用带无线路由功能的 ADSL 设备上网,案例示意如图 2-15。

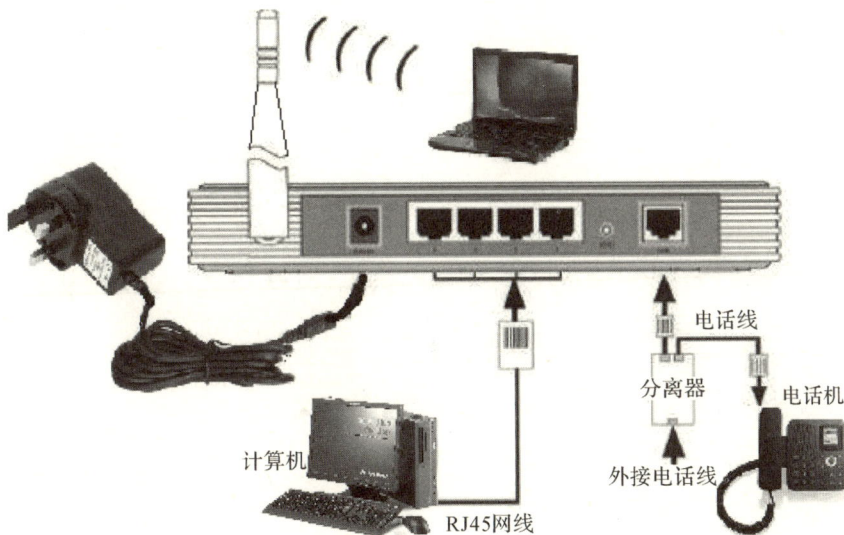

图 2-15　带无线路由功能的 ADSL 设备

案例 3 某户家庭需要通过 ADSL 上网,家中还有一台笔记本电脑、一台台式电脑和一台 IPTV 电视,请提供家庭网络解决方案。

解决方案:需要一台带 IPTV 分接口的无线路由器、一台 IPTV 机顶盒。

原有硬件:IPTV 机顶盒、ADSL 拨号设备。

硬件采购方案:一台 TP-LINK 公司的 TD-W89841N 增强型无线路由器,内含 IPTV 专用接口,弃用原来的 ADSL 拨号设备。如图 2-16 的接线方案。

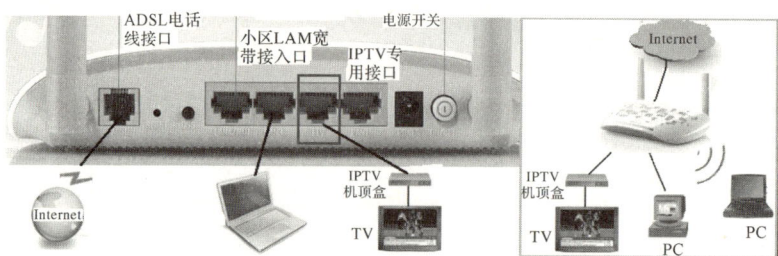

图 2-16　利用 IPTV 和路由一体机布局家庭网络示意图

案例 3 变形:某户家庭需要通过小区 LAN 上网,家中还有一台笔记本电脑、一台台式电脑和一台 IPTV 电视,请提供家庭网络解决方案。

解决方法同上,注意要弃用原来的 ADSL 口,把小区 LAN 宽带接入 LAN4 口,详细操作见说明书。

硬件采购方案:一台 TP-LINK 公司的 TL-WR840N 普通无线路由器,结合原有 ADSL 拨号设备使用。如图 2-17 的接线方案。

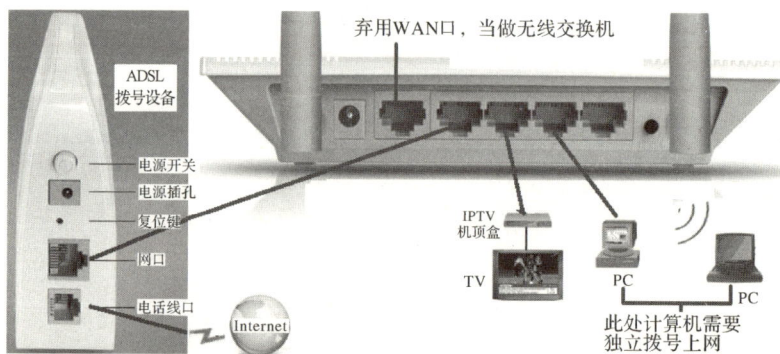

图 2-17　利用普通 ADSL 设备和无线路由器两种设备组建家庭网络

案例 4 某户家庭需要通过小区 LAN 上网,共有上下两层,家中有笔记本电脑、台式电脑、手持终端和阳台网络视频监视器,请提供家庭网络解决方案。

解决方案:由于家居共有两层,如果只用一个无线路由器肯定不能很好地把网络信号覆盖到所有房间,并且阳台上要布置网络视频监视器,所以在上下两层楼宇间需要引入电力猫,同时为了让网络视频监视器方便接入网络,也需要电力猫。

硬件采购方案:一台 TP-LINK 公司的 TL-WR847N 300M 无线路由器,二对(共 4 个)TP-LINK 公司的 TL-PA200 电力线适配器套装(电力猫),龙视安(loosafe) LS-5008C-B8 路双硬盘网络遥控录像机(此处可根据实际需要选购 4 路设备),龙视安(loosafe) LS-Z831S 网络摄像头。具体接线示意如图 2-18 所示。

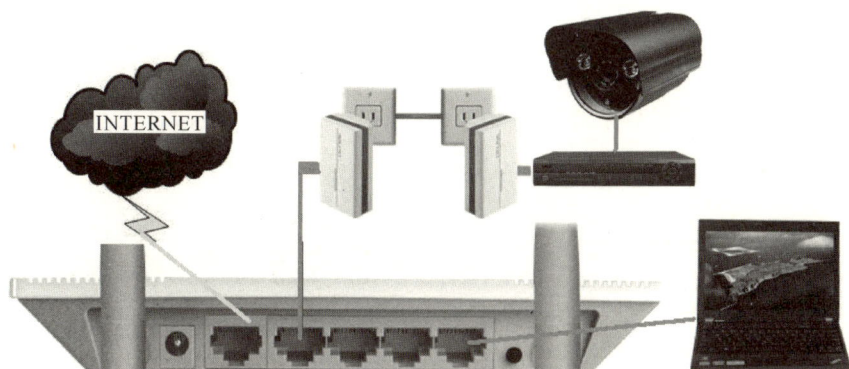

图 2-18 带监控视频的接线示意图

案例 5 家庭无线电力猫组合套装应用。

解决方案:采购 TP-LINK HyFi 智能无线套装(TL-H18R&TL-H18E),这对组合可以彻底扫除覆盖盲点只有 HyFi 智能无线。

无线电力猫一对接入电力线,家庭墙壁内的电线在两个电力猫的作用下,成为有线网络的拓展或延长线。如下图 2-19 和 2-20 所示,一头无线电力猫的 RJ45 口接中国电信等 INTERNET 网络,另一头 RJ45 口则可以连接家里的电脑等设备,更可以通过电力猫内置的无线功能,实现简单方便的无线网络环境。

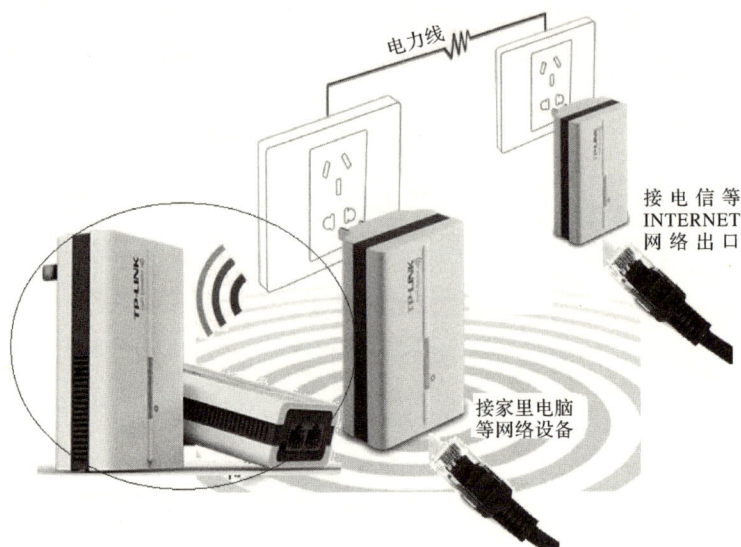

图 2-19　无线电力猫配对接线图

HyFi(全称 Hybrid Wi-Fi)是指同一产品同时采用"有线"和"无线"两种技术,以"有线"为主干,"无线"作为接入,使产品兼具有线的稳定可靠性和无线的移动便捷性。

智能是指"HyFi 智能无线路由器"为网络控制中心,实时自动发现并配置、管理网络中所有 HyFi 智能无线扩展器,无须人工干预,实现家庭网络智能化。

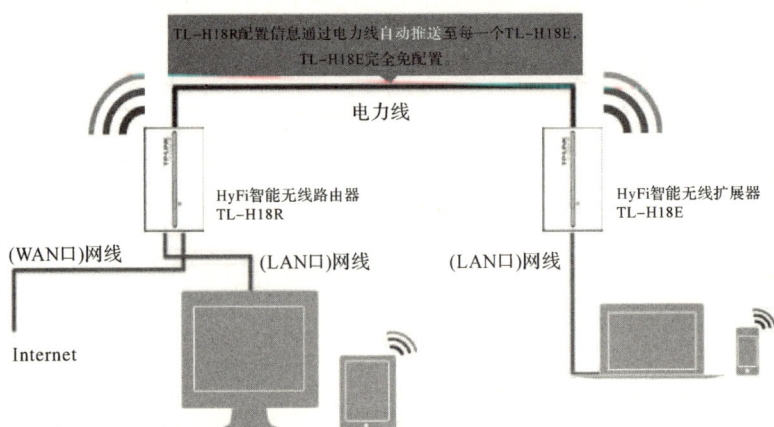

图 2-20　无线电力猫配对使用功能示意图

2.2 家用无线路由器安装设置

为了方便说明,此处以家庭中广泛使用的 TP-LINK 产品 TL-WR941N 11N 无线路由器安装设置为例。

2.2.1 路由器启动和登录

启动路由器并成功登录路由器管理页面后(网址一般为 http://192.168.1.1),浏览器会显示管理员模式的界面,如图 2-21 所示。在左侧菜单栏中,共有如下几个菜单:运行状态、设置向导、QSS 安全设置、网络参数、无线设置、DHCP 服务器、转发规则、安全设置、路由功能、动态DNS 和系统工具。单击某个菜单项,即可进行相应的功能设置。

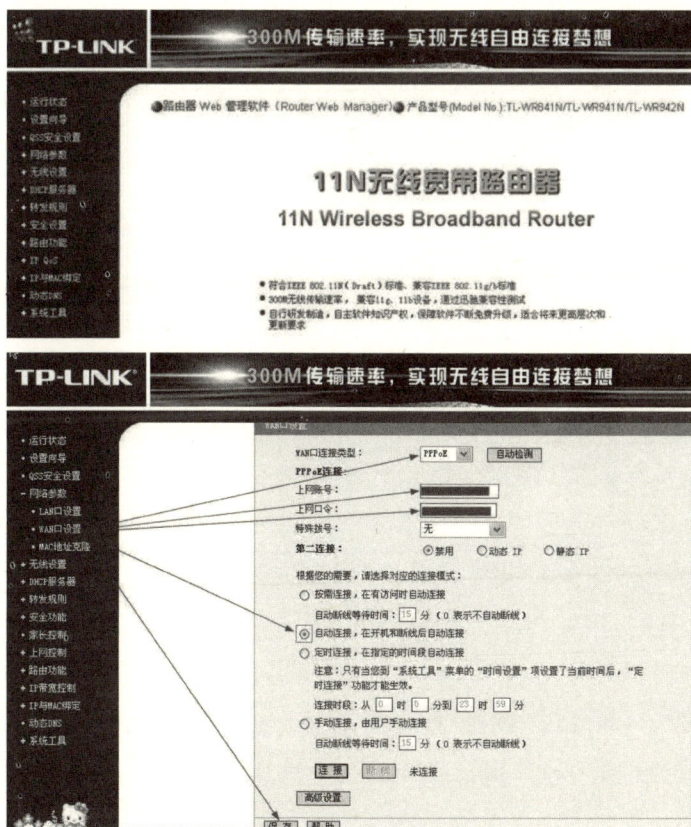

图 2-21 手工配置 WAN 口实现路由器上网功能

2.2.2　利用设置向导快捷设置路由器的上网功能

对于普通网友,从电信或其他网络运营商得到账号和密码后,我们只要通过运行左侧界面中的"设置向导",一路按下一步并完成相应的"空格"就能设置完成上网的一些准备工作。

2.2.3　手工配置路由器与外网连接实现上网功能

配置无线路由器与外网的连接,方法如下:点击网络参数——WAN口设置(或启动路由器连接向导),分别填入路由器与上一级设备 modem 连接的宽带账号和密码(这个账号密码是由宽带接入商 ISP 提供的,如中国电信等,部分接入商采用动态 IP 方式,在选择连接时请选动态 IP),选择:自动连接,在开机和断线后自动连接,并保存,这样就完成路由器与外网的连接。

2.2.4　手工配置 DHCP 让各类电脑通过无线自动连接路由器并实现上网功能

配置无线路由器局域网 DHCP 动态 IP 自动分配,这样做主要是为了方便局域网内主机自动从路由器上获取到一个动态的 IP 地址,对于路由器而言,它可以将自己作为一台硬件级的 DHCP 服务器,从 DHCP 服务器的理论我们知道,作为为局域网提供 DHCP 服务的主控 DHCP 服务器,其必须要求自身具有固定的静态 IP 地址,这个地址一般也是作为整个局域网的默认网关的,TP-LINK 的路由器一般默认自动为自身指定了一个固定的静态 IP 地址:192.168.1.1,这个地址同时也作为它为局域网提供 DHCP 服务的默认网关,我们可以登录路由器的网络参数——LAN 口设置中进行查看和修改(一般无须修改),接着我们打开路由器开启 DHCP 服务,配置方法如下:点击 DHCP 服务器——DHCP 服务,启用,并在地址池的开始地址处输入 192.168.1.2,在地址池的结束地址处输入 192.168.1.254,默认网关输入路由器的 IP 地址 192.168.1.1,其他留空即可,如图 2-22 所示。

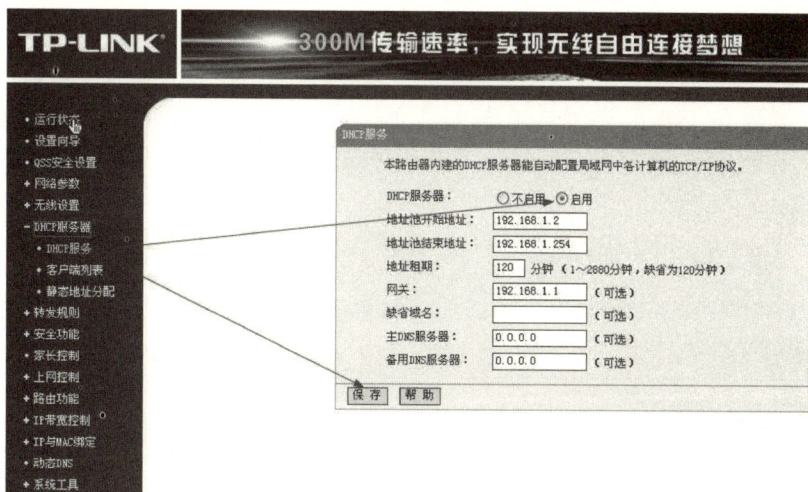

图 2-22　设置 DHCP 服务

2.2.5　手工配置无线局域网无线接入 SSID 名字

为无线路由器设置 SSID,SSID 相当于无线路由器的名字或标记,方便其他电脑通过 SSID 名字连接该无线路由器。

如果你只想让无线路由器供自己使用,而不被其他人发现并使用,可不选中"开启 SSID 广播"。但是自己在以后的使用过程也不能直接发现自己的路由器,而需要通过输入 SSID 名才能连接,如图 2-23 所示。

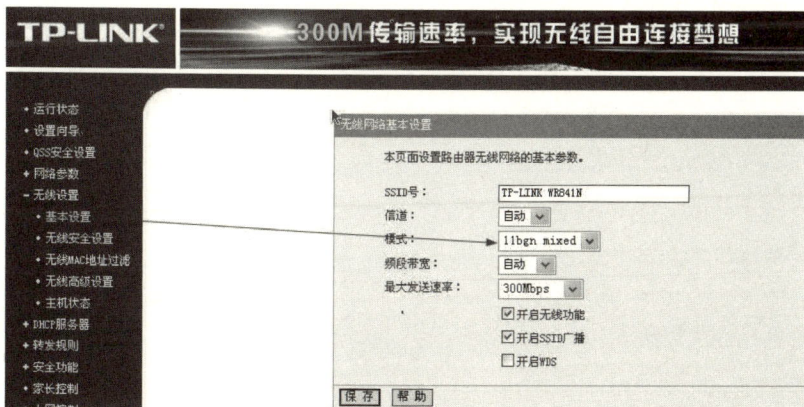

图 2-23　设置无线网络基本参数

2.2.6 配置无线路由器安全

为了使得未授权用户不得加入本无线局域网,系统引入了 WEP 和 WPA/WPA2、WPA-PSK/WPA2-PSK 等多种加密安全认证机制,我们一般设置为 WPA-PSK/WPA2-PSK 模式,以保证最大的无线网络兼容性(需要设置 8 位以上的密钥,如本例设置密钥为:12345678),使得只有经过 WPA-PSK/WPA2-PSK 安全认证的用户方可加入本无线局域网,如图 2-24 所示。

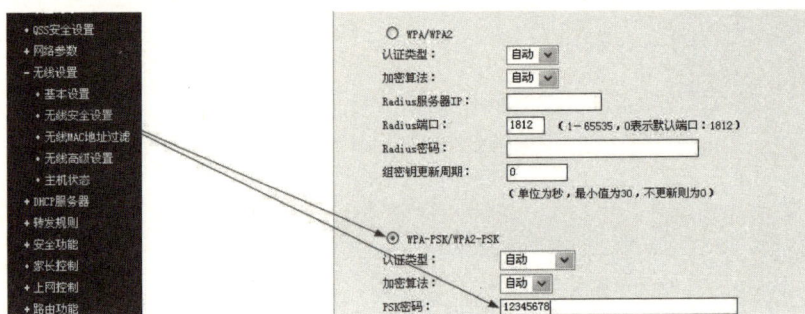

图 2-24 配置无线路由器安全

2.3 小型企业网络组建

小型企业网络有别于传统家庭网络的组建。它需要考虑企业员工使用终端数、不同级别员工对网络带宽的权限、不同级别员工上网浏览权限、不同办公室的网络隔离问题、员工对企业数据及网络办公的应用需求都是我们需要考虑的问题。

为此,在组建小型企业网络时,一般需要从以下几个角度考虑网络组建问题。

2.3.1 出口端

需要配备性能略强,并且可以控制企业员工上网行为的路由设备。如图 2-25 所示的一台飞鱼星 VE1000G 路由器。该设备具有管控 QQ、MSN、飞信和 Skype 等即时通信软件功能,能够有限限制 BT、迅雷、

PPLive 和电驴等 P2P 软件,保证企业员工在工作期间的网络顺畅,同时还能封锁多种主流炒股软件和多款游戏,另外通过 IP 分组和时间组的设置,实现不同级别员工人性化的管理。

图 2-25　飞鱼星 VE1000G 可行为管理的路由器

2.3.2　存储端

建议配备专用 NAS,如威联通(QNAP)TS-469Pro 4 盘位 NAS 网络存储服务器,它支援 Windows、Mac、Linux 与 UNIX 等不同作业系统在 NAS 上集中存储资料,让档案分享更有效率。一般 NAS 伺服器只提供跨平台间的档案分享,因此,受病毒感染的档案在混合式网路环境中常造成可观的伤害。QNAP TS-469 Pro 所整合的病毒防护方案提供最新病毒、恶意软件、木马程序的扫描功能,阻止病毒扩散,确保企业运作不中断,QNAP TS-469 Pro 提供 IT 管理者更有弹性的备份方案,包括加密远端备份、即时异地备份以及云端备份。如图 2-26 所示。

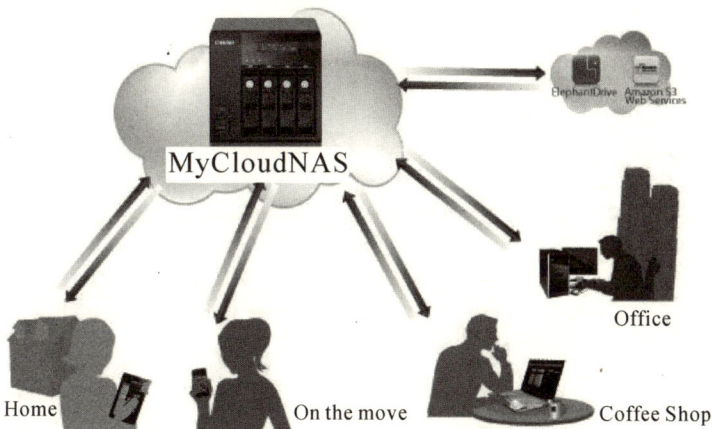

图 2-26　QNAP TS-469 Pro 云存储示意图

2.3.3 桌面端

建议配备千兆端口的可划分 VLAN 的交换机，方便不同办公楼、不同办公室的网络分组，从而实现更安全的网络管理。如图 2-27 是一台千兆可 WEB 方式管理和划分 VLAN 的二层交换机。

图 2-27 D-Link DGS-1210-24 WEB 智能交换机

2.3.4 布线端

目前一般可以考虑 6 类千兆网线到桌面，部分企业可以适当考虑万兆内部干线的预设。

2.3.5 VPN 功能

部分小型企业采取的是"瘦总公司 + 多点分支机构 + 多人外派"的办公模式。此时，对这类企业的布网就要考虑 VPN 功能，如图 2-28。

VPN 是虚拟局域网，它可以通过公共线路，把不同地方的分支机构虚拟成一个局域网，从而实现安全、高效的内部网络环境。

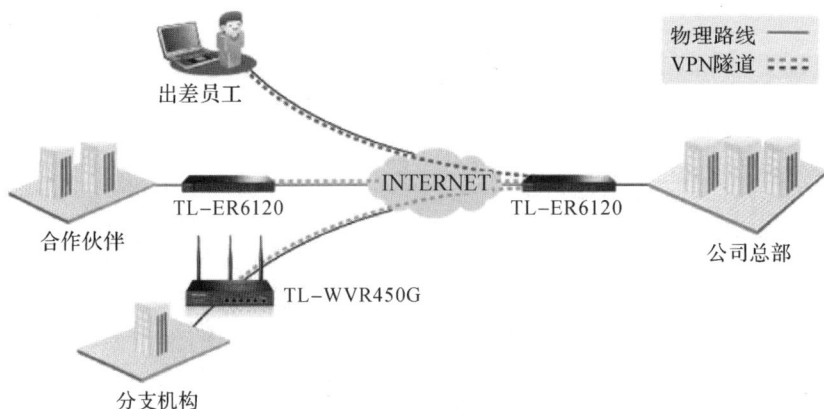

图 2-28 带 VPN 功能的小型企业网络布局简单示意图

传好信息与藏好数据

第三天

3.1　电子邮件（E-mail）

3.1.1　电子邮件的概念和特点

电子邮件,electronic mail,简称 E-mail,标志是@,又称电子信箱、电子邮政。电子邮件指用电子手段传送信件、单据、资料等信息的通信方法,通过网络的电子邮件系统,用户可以用非常低廉的价格、以非常快速的方式,与世界上任何一个角落的网络用户联系,这些电子邮件可以是文字、图像、声音等各种方式。同时用户可以得到大量免费的新闻、专题邮件,并实现轻松的信息搜,具有快速传达、不易丢失的特点。

一封完整的电子邮件都有两个基本部分组成:信头和信体。

信头一般有下面几个部分:收信人,即收信人的电子邮件地址;抄送,表示同时可以收到该邮件的其他人的电子邮件地址,可有多个;主题,是概括地描述该邮件内容,可以是一个词,也可以是一句话,由发信人自拟。

信体是希望收件人看到的信件内容,有时信件体还可以包含附件。附件是含在一封信件里的一个或多个计算机文件,附件可以从信件上分离出来,成为独立的计算机文件。

电子邮件是整个网络间以至所有其他网络系统中直接面向人与人

之间信息交流的系统,它的数据发送方和接收方都是人,所以极大地满足了大量存在的人与人之间的通信需求。它具有如下特点:

①及时高效:邮件从发送到接收的时间以秒计算。不管邮件内容有多少,发送者与接收者之间的物理距离有多远,我们基本可以实现即发即收的效果,同时也可避免"发了不知道是否被收的不可确认性"。

②免费便捷:不需要投入纸、信封、邮票等资源或资金,除了正常的网络应用费用,不需要其他费用。

③管理方便:在工作中,联系的对象各不相同,我们需要对各种来往的信件进行管理、存档,以供日后复查,E-mail 的应用就可以方便地实现这些功能。

④永久地址:由 163 网易免费邮箱(如图 3-1)或 QQ 邮箱等公司提供的 E-mail 地址一般都可以永久被注册用户使用,不管注册使用者是否搬家、换 ISP(如家里宽带接入从中国电信换成中国移动)和换工作单位,E-mail 地址永远不会改变,这就避免了传统信件地址与用户居住或工作地相关联的弊端。

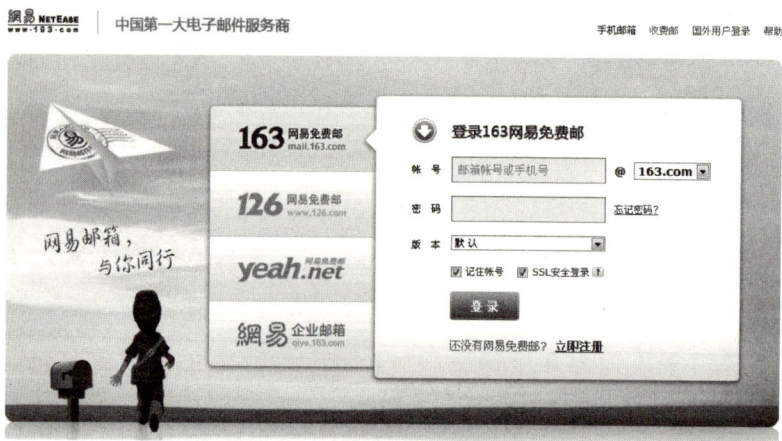

图 3-1　网易免费邮箱

⑤扩展性强:目前 E-mail 可以当作电子传真,网上亦有其他拓展功能被不断开发出来。如网上的电子传真 enFax 软件,只要在能上网的地方,就能收发传真:打开网页、输入号码、导入文件、发送成功,方便高效;人不用守在传真机旁,传真会自动被发送到收件箱和 E-mail 里,可随时

查看、保存或打印。enFax24 小时不间断服务，提供随时随地的在线传真服务，并具有群发、定时发等传统传真机所没有的功能，电子传真更能通过 E-mail 实现任何时间、任何地点的接收功能。

3.1.2 电子邮件的应用

(1)申请电子邮箱

进入 http://email.163.com/，选择"立即注册"，仔细填写相关信息，如下图 3-2 所示。即可以得到一个邮箱账号，邮箱账号一般格式为：whw0580@126.com。

图 3-2 网易免费邮箱注册

如果你有 QQ 账号，亦可直接使用 QQ 免费邮箱，邮箱账号一般格式为：QQ 号@qq.com，如 1969335022@qq.com。

(2)收发邮件

对于日常电子邮件不多的用户，建议通过 WEB 网页直接收发，如图 3-3 所示。

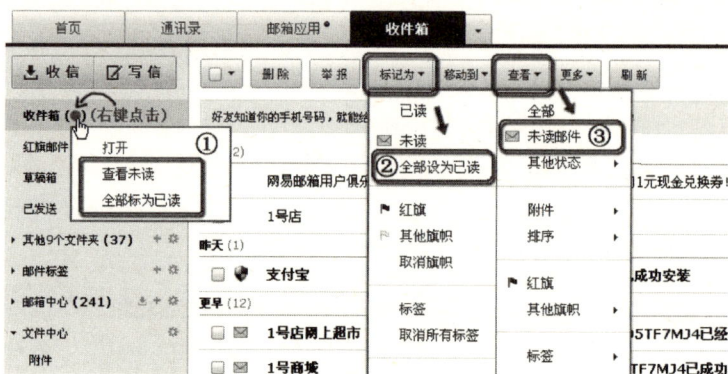

图 3-3　网易免费邮箱 WEB 收发界面

在这里，免费邮箱还提供"网盘"等云存储功能，非常实用。

▌案例▶在 WEB 页面书写 email。

在发件人处填写对方 email 地址，如 whw0580@126.com，如图 3-4
所示。

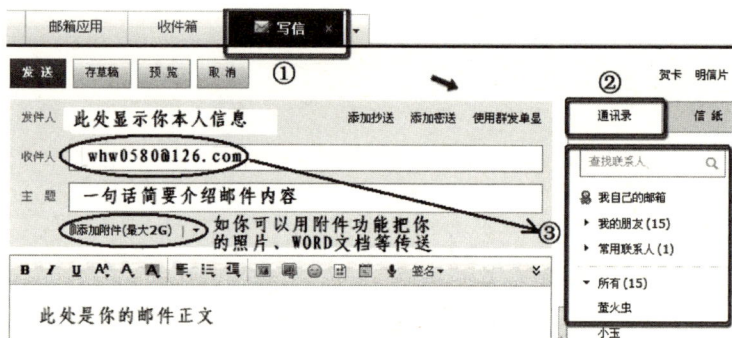

图 3-4　WEB 方式写邮件

在实际的邮箱使用过程中，我们还可以进行定时发送、英文 email 即
时翻译等贴心的功能，这样你就可以在你的好朋友的生日等好日子发出
及时贴心的祝贺信件（如图 3-5），你也可以结合你原有的英文水平，在网
易翻译工具的帮助下，自如地和你的国外网友等进行交流（如图 3-6）。

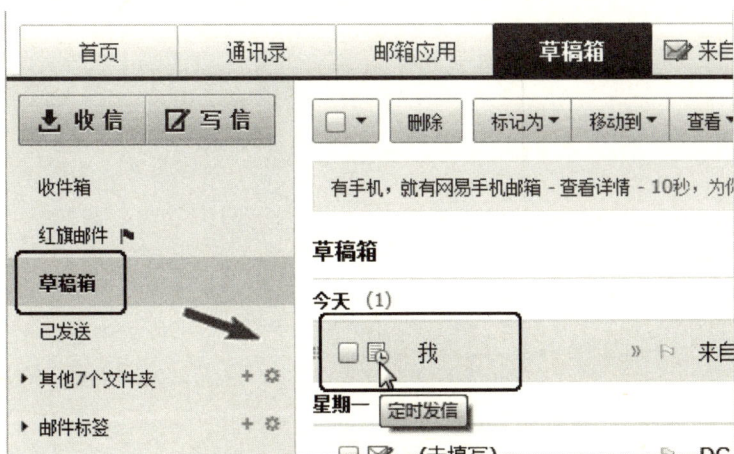

图 3-5　E-mail 的定时发送功能

图 3-6　网易邮箱的翻译功能

　　如果你平时有大量邮件，或对 WEB 收发方式感觉使用不方便，网易还提供了其他两种收发方式，网易闪电邮客户端（如图 3-7）和网易邮箱助手（如图 3-8）。

　　网易闪电邮和邮箱助手客户端都可以方便地把用户的账号和密码永久记住，避免了在线 WEB 收发方式每次（或二周后）都要重新输入密码的麻烦事，并且收发完成后，所有的操作痕迹进阶地保留在本机电脑上，可以方便及时地在断网等环境中使用，但是两者功能又有区别，邮箱助手小巧易上手，但功能相对较弱，适合经常出差的网友在笔记本上使用。

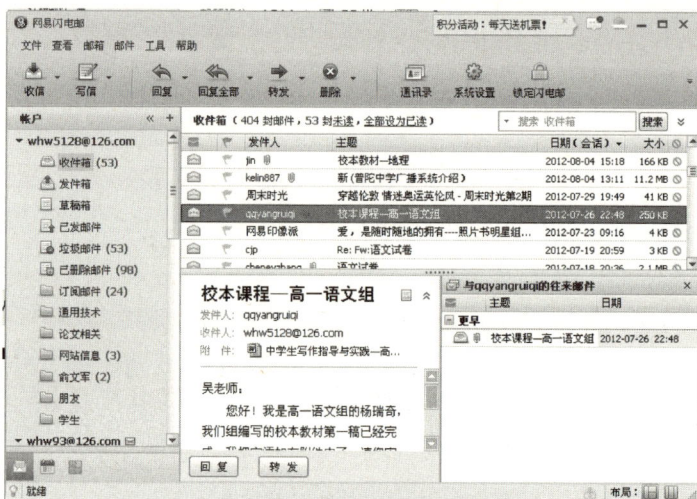

图 3-7　网易闪电邮客户端

图 3-8　网易邮箱助手

3.1.3　相关协议

邮件协议是指用户在客户端计算机上可以通过哪些方式进行电子邮件的发送和接收。常见的协议有 SMTP、POP3 和 IMAP。

（1）SMTP 协议

SMTP 称为简单邮件传输协议，可以向用户提供高效、可靠的邮件传输方式。SMTP 的一个重要特点是它能够在传送过程中转发电子邮件，即邮件可以通过不同网络上的邮件服务器转发到其他的邮件服务器。

SMTP 协议工作在两种情况下：一是电子邮件从客户机传输到邮件服务器；二是从某一台邮件服务器传输到另一台邮件服务器。SMTP 是个请求/响应协议，它监听 25 号端口，用于接收用户的邮件请求，并与远端邮件服务器建立 SMTP 连接。

（2）POP3 协议

POP 称为邮局协议，用于电子邮件的接收，它使用 TCP 的 110 端口，常用的是第三版，所以简称为 POP3。

POP3 仍采用 C/S 工作模式。当客户机需要服务时，客户端的软件（如 Outlook Express）将与 POP3 服务器建立 TCP 连接，然后要经过POP3 协议的 3 种工作状态：首先是认证过程，确认客户机提供的用户名和密码；在认证通过后便转入处理状态，在此状态下用户可收取自己的邮件，在完成相应操作后，客户机便发出 quit 命令；此后便进入更新状态，将作删除标记的邮件从服务器端删除掉。到此为止，整个 POP 过程完成。

（3）IMAP 协议

IMAP 称为 Internet 信息访问协议，主要提供的是通过 Internet 获取信息的一种协议。IMAP 像 POP3 那样提供了方便的邮件下载服务，让用户能进行离线阅读，但 IMAP 能完成的却远远不只这些。IMAP 提供的摘要浏览功能可以让你在阅读完所有的邮件到达时间、主题、发件人、大小等信息后再做出是否下载的决定。

3.2　云存储（Cloud Storage）

3.2.1　云存储的概念和工作原理

云存储是在云计算（Cloud Computing）概念上延伸和发展出来的一个新的概念，是一种新兴的网络存储技术，是指通过集群应用、网络技术或分布式文件系统等功能,将网络中大量各种不同类型的存储设备通过应用软件集合起来协同工作,共同对外提供数据存储和业务访问功能的系统。

当云计算系统运算和处理的核心是大量数据的存储和管理时,云计算系统中就需要配置大量的存储设备,那么云计算系统就转变成为一个云存储系统,所以云存储是一个以数据存储和管理为核心的云计算系统。简单来说,云存储就是将储存资源放到云上供人存取的一种新兴方案。使用者可以在任何时间、任何地方,透过任何可联网的装置连接到云上方便地存取数据。

云计算是分布式处理(Distributed Computing)、并行处理(Parallel Computing)和网格计算(Grid Computing)的发展,是透过网络将庞大的计算处理程序自动分拆成无数个较小的子程序,再交由多部服务器所组成的庞大系统经计算分析之后将处理结果回传给用户。通过云计算技术,网络服务提供者可以在数秒之内,处理数以千万计甚至亿计的信息,达到和"超级计算机"同样强大的网络服务。

简单来说,云存储就是将储存资源放到云上供人存取的一种新兴方案。使用者可以在任何时间、任何地方,透过任何可联网的装置连接到云上方便地存取数据。如果这样解释还是难以理解,那我们可以借用广域网和互联网的结构来解释云存储。

3.2.2 结构模型

(1)存储层

存储层是云存储最基础的部分。存储设备可以是 FC 光纤通道存储设备,可以是 NAS 和 iSCSI 等 IP 存储设备,也可以是 SCSI 或 SAS 等 DAS 存储设备。云存储中的存储设备往往数量庞大且分布多不同地域。彼此之间通过广域网、互联网或者 FC 光纤通道网络连接在一起。

存储设备之上是一个统一存储设备管理系统,可以实现存储设备的逻辑虚拟化管理、多链路冗余管理,以及硬件设备的状态监控和故障维护。

(2)基础管理层

基础管理层是云存储最核心的部分,也是云存储中最难以实现的部分。基础管理层通过集群、分布式文件系统和网格计算等技术,实现云存储中多个存储设备之间的协同工作,使多个的存储设备可以对外提供同一种服务,并提供更大更强更好的数据访问性能。

CDN内容分发系统、数据加密技术保证云存储中的数据不会被未授权的用户所访问,同时,通过各种数据备份和容灾技术和措施可以保证云存储中的数据不会丢失,保证云存储自身的安全和稳定。

(3)应用接口层

应用接口层是云存储最灵活多变的部分。不同的云存储运营单位可以根据实际业务类型,开发不同的应用服务接口,提供不同的应用服务。比如视频监控应用平台、IPTV和视频点播应用平台、网络硬盘应用平台,远程数据备份应用平台等。

(4)访问层

任何一个授权用户都可以通过标准的公用应用接口来登录云存储系统,享受云存储服务。云存储运营单位不同,云存储提供的访问类型和访问手段也不同。

云存储不是存储,而是服务,就如同云状的广域网和互联网一样,云存储对使用者来讲,不是指某一个具体的设备,而是指一个由许许多多个存储设备和服务器所构成的集合体。使用者使用云存储,并不是使用某一个存储设备,而是使用整个云存储系统带来的一种数据访问服务。所以严格来讲,云存储不是存储,而是一种服务。

云存储的核心是应用软件与存储设备相结合,通过应用软件来实现存储设备向存储服务的转变。

3.2.3 实现前提

(1)宽带网络的发展

真正的云存储系统将会是一个多区域分布、遍布全国、甚至于遍布全球的庞大公用系统,使用者需要通过ADSL、DDN等宽带接入设备来连接云存储。只有宽带网络得到充足的发展,使用者才有可能获得足够大的数据传输带宽，实现大量容量数据的传输，真正享受到云存储服务，否则只能是空谈。

（2）WEB2.0 技术

Web2.0 技术的核心是分享。只有通过 web2.0 技术，云存储的使用者才有可能通过 PC、手机、移动多媒体等多种设备，实现数据、文档、图片和视音频等内容的集中存储和资料共享。

（3）应用存储的发展

云存储不仅仅是存储，更多的是应用。应用存储是一种在存储设备中集成了应用软件功能的存储设备，它不仅具有数据存储功能，还具有应用软件功能，可以看作是服务器和存储设备的集合体。应用存储技术的发展可以大量减少云存储中服务器的数量，从而降低系统建设成本，减少系统中由服务器造成单点故障和性能瓶颈，减少数据传输环节，提供系统性能和效率，保证整个系统的高效稳定运行。

（4）集群技术、网格技术和分布式文件系统

云存储系统是一个多存储设备、多应用、多服务协同工作的集合体，任何一个单点的存储系统都不是云存储。

既然是由多个存储设备构成的，不同存储设备之间就需要通过集群技术、分布式文件系统和网格计算等技术，实现多个存储设备之间的协同工作，多个存储设备可以对外提供同一种服务，提供更大更强更好的数据访问性能。如果没有这些技术的存在，云存储就不可能真正实现，所谓的云存储只能是一个一个的独立系统，不能形成云状结构。

（5）CDN 内容分发、P2P 技术、数据压缩技术

CDN 内容分发系统、数据加密技术保证云存储中的数据不会被未授权的用户所访问，同时，通过各种数据备份和容灾技术保证云存储中的数据不会丢失，保证云存储自身的安全和稳定。如果云存储中的数据安全得不到保证，想来也没有人敢用云存储，否则，保存的数据不是很快丢失了，就是全国人民都知道了。

（6）存储虚拟化技术、存储网络化管理技术

云存储中的存储设备数量庞大且分布多在不同地域，如何实现不同厂商、不同型号甚至于不同类型（如 FC 存储和 IP 存储）的多台设备之间

的逻辑卷管理、存储虚拟化管理和多链路冗余管理将会是一个巨大的难题,这个问题得不到解决,存储设备就会是整个云存储系统的性能瓶颈,结构上也无法形成一个整体,而且还会带来后期容量和性能扩展难等问题。

云存储中的存储设备数量庞大、分布地域广造成的另外一个问题就是存储设备运营管理问题。虽然这些问题对云存储的使用者来讲根本不需要关心,但对于云存储的运营单位来讲,却必须要通过切实可行和有效的手段来解决集中管理难、状态监控难、故障维护难、人力成本高等问题。因此,云存储必须要具有一个高效的类似与网络管理软件一样的集中管理平台,可实现云存储系统中设有存储设备、服务器和网络设备的集中管理和状态监控。

3.2.4　云存储的功能、优势及问题

云存储提供的诸多功能和性能旨在满足伴随海量非活动数据的增长而带来的存储难题:

①随着容量增长,线性地扩展性能和存取速度。

②将数据存储按需迁移到分布式的物理站点。

③确保数据存储的高度适配性和自我修复能力,可以保存多年之久。

④确保多租户环境下的私密性和安全性。

⑤允许用户基于策略和服务模式按需扩展性能和容量。

⑥改变了存储购买模式,只收取实际使用的存储费用,而菲按照所有的存储系统,包含未使用的存储容量,来收取费用。

⑦结束颠覆式的技术升级和数据迁移工作。

优势:

①存储管理可以实现自动化和智能化,所有的存储资源被整合到一起,客户看到的是单一存储空间。

②提高了存储效率,通过虚拟化技术解决了存储空间的浪费,可以自动重新分配数据,提高了存储空间的利用率,同时具备负载均衡、故障冗余功能。

③云存储能够实现规模效应和弹性扩展,降低运营成本,避免资源浪费。

云存储技术在安防领域应用存在的问题:

受限于安防视频监控自身业务的特点,监控云存储和现有互联网云计算模型会有区别,如安防用户倾向于视频信息存储在本地、政府视频监控应用比较敏感、视频信息的隐私问题、视频监控对网络带宽消耗较大等问题。

3.2.5　云存储的分类

(1)公共云存储

像亚马逊公司的 Simple Storage Service(S3)和 Nutanix 公司提供的存储服务一样,它们可以低成本提供大量的文件存储。供应商可以保持每个客户的存储、应用都是独立的,私有的。其中以 Dropbox 为代表的个人云存储服务是公共云存储发展较为突出的代表,国内比较突出的代表的有搜狐企业网盘,百度云盘,乐视云盘,移动彩云,金山快盘,坚果云,酷盘,115 网盘,华为网盘,360 云盘,新浪微盘,腾讯微云,cStor 云存储等。

公共云存储可以划出一部分用作私有云存储。一个公司可以拥有或控制基础架构,以及应用的部署,私有云存储可以部署在企业数据中心或相同地点的设施上。私有云可以由公司自己的 IT 部门管理,也可以由服务供应商管理。

(2)内部云存储

这种云存储和私有云存储比较类似,唯一的不同点是它仍然位于企业防火墙内部。至 2014 年可以提供私有云的平台有:Eucalyptus、3A Cloud、minicloud 安全办公私有云、联想网盘等。

(3)混合云存储

这种云存储把公共云和私有云/内部云结合在一起。主要用于按客户要求的访问,特别是需要临时配置容量的时候。从公共云上划出一部分容量配置一种私有或内部云可以帮助公司面对迅速增长的负载波动或高峰时很有帮助。尽管如此,混合云存储带来了跨公共云和私有云分配应用的复杂性。

3.2.6　常用的云存储空间和使用

（1）常用的云存储空间

对于家庭用户或小企业来说，云存储作为一种基础应用，可以理解为远程存储，如百度网盘、360 安全云盘等，当然你也可以在家里搭建内网 NAS（即内网网络存储）等。

云存储的最大优势是在网络的某个存储空间处同时保存了你自己指定的文件。

云存储给用户带来了安全、高效的存储解决方案。如图 3-9 所示为某款网络云盘远程网络存储的模式示意，图 3-10 是 360 云盘存储示意图。

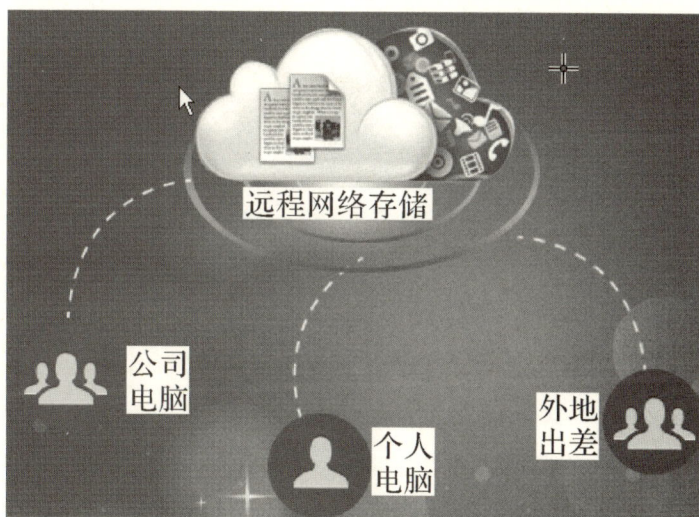

图 3-9　某款网盘远程网络存储的模式示意

图 3-10   360 云盘存储示意图

(2)云存储空间的使用

云存储可以让人在家庭、企业、公司等环境下建立一个公共存储空间。这个公共空间像飘在空中的云,云端存储空间提供使用者随时随地更有弹性地存取资料、分享资料,以及备份重要资料。

①百度云存储空间的使用。

步骤一:进入百度网盘登录地址:yun.baidu.com,找到相应的云盘信息,点击"立即注册"。

图 3-11   百度云注册与登录示意图

步骤二：根据提示，进行注册，如图 3-12。

图 3-12　百度云的注册示意图

注册时，亦可以采用手机进行注册，它将会更加方便与快捷。

步骤三：注册完成后，请下载相应的客户端，如图 3-13 所示。

图 3-13　云存储的应用软件，可以在电脑上、手机端等打开云盘上存储的内容

②360 云存储空间的使用。

步骤一：进入 360 安全云盘登录地址：yunpan.360.cn，找到相应的云盘信息，点击"立即注册"。

图 3-14 360 云盘注册与登录示意图

步骤二:根据提示,进行各类客户端的安装与使用。

3.3 博客和微博(Blog & MicroBlog)

3.3.1 博客和微博概述

博客,又译为网络日志、部落格或部落阁等,是一种通常由个人管理、不定期张贴新的文章的网站。博客上的文章通常根据张贴时间,以倒序方式由新到旧排列。许多博客专注在特定的课题上提供评论或新闻,其他则被作为比较个人的日记。一个典型的博客结合了文字、图像、其他博客或网站的链接及其他与主题相关的媒体。能够让读者以互动的方式留下意见,是许多博客的要素。大部分的博客内容以文字为主,仍有一些博客专注在艺术、摄影、视频、音乐、播客等各种主题。博客是社会媒体网络的一部分,它往往能反映一些最新的社会新闻,如图 3-15

为新浪微博的财经首页。

微博,即微博客的简称,是一个基于用户关系的信息分享、传播以及获取平台,用户可以通过 WEB、WAP 以及各种客户端组建个人社区,以 140 字(不同微博对字数限制有所不同)左右的文字更新信息,并实现即时分享。最早也是最著名的微博是美国的 twitter。2009 年 8 月中国最大的门户网站新浪网推出"新浪微博"内测版,成为门户网站中第一家提供微博服务的网站,微博正式进入中文上网主流人群视野,如图 3-16。

对于普通用户而言,博客适合较正规的交流,微博适合生活点滴的分享。

图 3-15 新浪微博财经首页

图 3-16　网易微博的某个用户界面

近几年,微博更是成就了一批人、监督了一批人,如 2012 年 8 月的"表哥"杨达才事件等都是借助微博之势而推动了民间正义,微博或博客不断得到社会的认可,如图 3-17 所示。

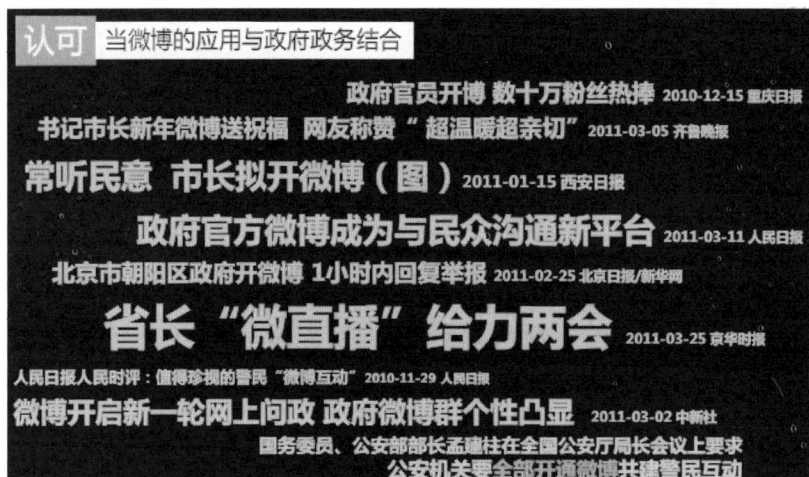

图 3-17　微博不断得到社会认可

但是微博和博客的个体性也决定了它经常会"剑走偏锋",从而给社会造成一些不利影响。如 2012 年 3 月 19 日中午,一条微博谣传"李宇春手术出现麻醉意外抢救无效心衰死亡",迅速在网络上流传。消息仅出现 3 小时,微博和各种网帖疯转,对李宇春名誉造成了很大损害。只是这则假新闻的寿命并不长,当天下午,李宇春以青年电影人的身份出席在北京举行的青年影展活动,她高举板砖拍照,身体力行粉碎谣言。李宇春所属的天娱公司也表示,所谓李宇春死亡的消息,是将过去《王贝死因:手术出现麻醉意外抢救无效心衰死亡》的报道 PS 合成。

3.3.2　微博应用

(1)注册微博

腾讯 QQ 微博对于拥有 QQ 账号的网友来说是一种最简单易用的微博,它的微博账号注册具有极强的代表性,如图 3-18 所示为腾讯微博注册界面,注册后还要填写真实身份信息,如图 3-19。

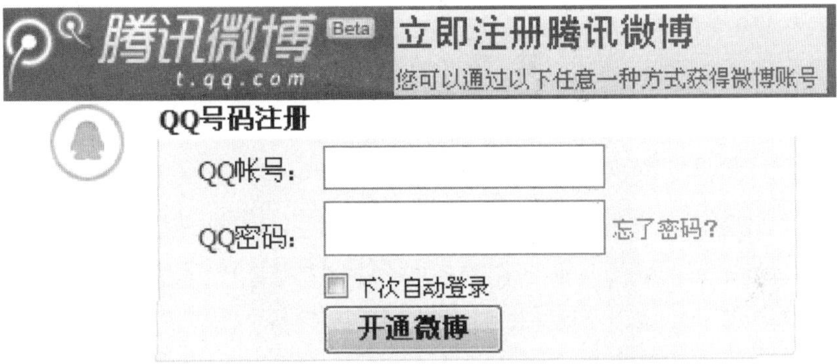

图 3-18　腾讯微博的注册示意图

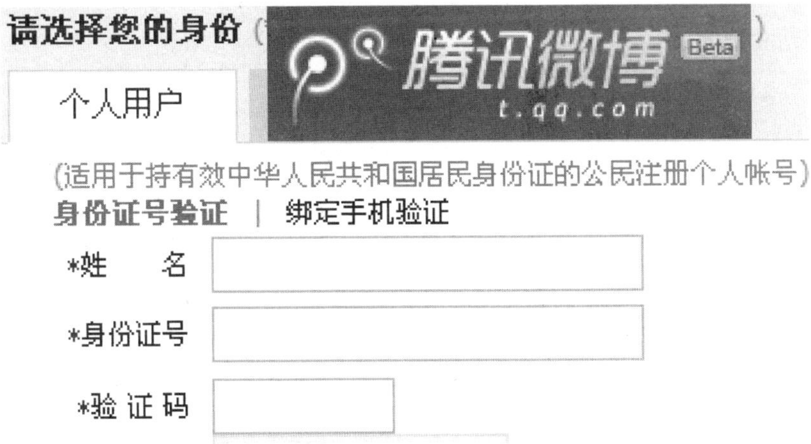

图 3-19　微博注册时的身份信息认证

（2）发送微消息

发送微消息就是指发布自己的微博，微博可以通过电脑、手机等多种终端进行灵活发布，如图 3-20 是一个微博发送消息页面，非常方便。

随便说说　　　　　　　　　西安重伤日系车主起诉公安局不作为 >

🖼 图片　😊 表情　@ 点名　📊 投票　# 话题　▶ 视频　🎵 音乐

还可以输 **163** 字　　 发布

图 3-20　微博发布消息界面

（3）转发评论消息

微博除了能发消息，还能转发消息给你自己的朋友，亦可方便地评论消息。

发消息给你朋友的方法，用"@ + 你朋友的名字"，如@×××的格式。也可以@几个朋友，如@×××,@×××。记得你朋友的名字后面内容要有空格或者符号隔开才行。转发的时候，@一下你的朋友。看到一条微博但不想转发，可以直接在评论里面@你朋友。这些方法都能让你的朋友看到有关消息。

（4）神奇的@

当你发布"@昵称"的信息时，在这里的意思是"向某某人说"，对方能看到你说的话，并能够回复，实现一对一的沟通；发布的信息中"@昵称"这个字眼，可以直接点击到这个人的页面，方便大家认识更多朋友；所有@你的信息有一个汇总，你可以在我的首页右侧中"提到我的微博"或类似功能中查看。

只要在微博用户昵称前加上一个@，然后"按空格"再输入你要对他（或她）说的话，对方就能看到了。一定要注意，"@昵称"后一定要加一个空格，否则系统会把后面的话认为也是昵称的一部分。

3.4 网络综合搜索及应用

3.4.1 搜索引擎的使用

搜索引擎是指根据一定的策略、运用特定的计算机程序从互联网上搜集信息,在对信息进行组织和处理后,为用户提供检索服务,将用户检索相关的信息展示给用户的系统。搜索引擎包括全文索引、目录索引、元搜索引擎、垂直搜索引擎、集合式搜索引擎、门户搜索引擎与免费链接列表等。百度和谷歌等是搜索引擎的代表,在搜索引擎结果页面中,最前面的不一定代表最好或最适合你的,具体的内容需要网友自己进行选择,如图 3-21 所示,当网友在搜索"激光近视手术"信息时,前两条就是百度的推广链接,其间可能有一些骗子信息。

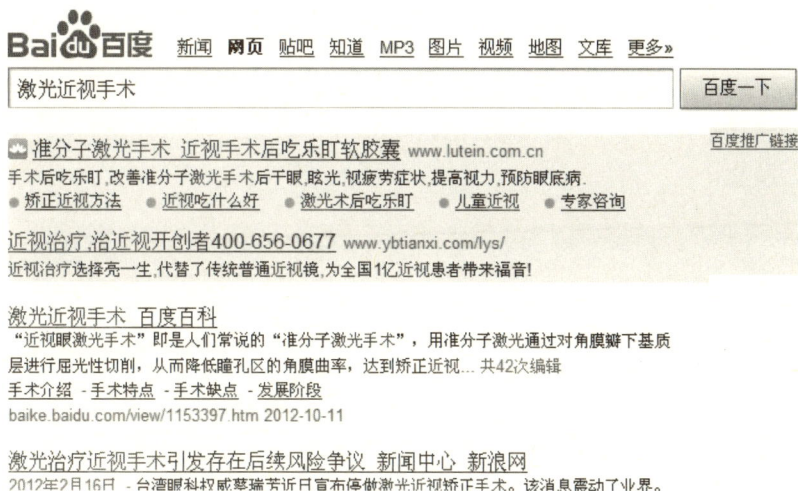

图 3-21 百度搜索真假难辨的一些搜索结果

3.4.2 中国知网的使用

关于中国知网资源使用方法的介绍主要分为两个部分,一是对于资源总库的检索方法,重在检索技巧,方便快速、精准地查找到所需文献;二是对于特色资源库进行简单的介绍,获取行业知识和热点信息。

图 3-22

(1)知网资源检索技巧

图 3-23 是中国知网的首页,可以通过在地址栏中输入 www. cnki. net 进入页面,也可以通过利用百度等搜索引擎直接搜索"中国知网"进入。

可以直接在首页的检索框中输入检索词进行检索,但是这种检索结果数量比较庞大,如果想更精准的进行检索可以利用以下五个检索技巧进行检索。

图 3-23

第一,利用关键词推送。如图 3-24,在检索"国际经济"主题时,如果我们想检索的是关于国际经济"发展"方面的信息,即可直接点击关键词一栏中的发展,这时显示的资源就是经过筛选后的"国际经济发展"方面的资源。

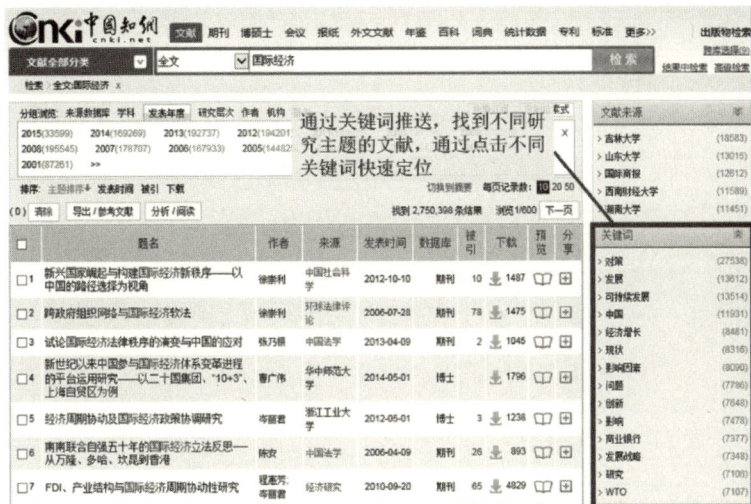

图 3-24

第二,利用高级检索将检索结果具体化。如图 3-25,利用右上方的"高级检索",点击进入后呈现如图的界面,可以输入多个检索词,对检索条件进行"并且""包含""不含"的逻辑条件限定,从而更精准地找到所需资源。

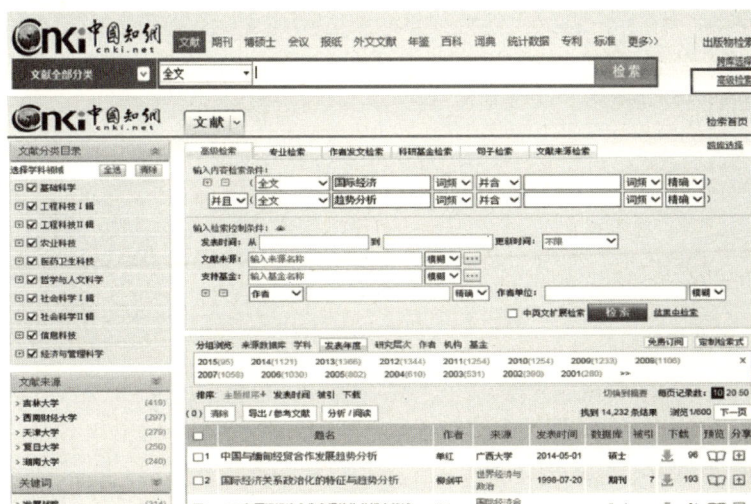

图 3-25

第三,利用检索结果页面分组与分类功能。如图 3-26 所示,可以在检索结果页面利用"分组浏览"功能检索到更精准的资源,例如,想检索 2015 年的资料,就可以直接在"发表年度"下选择 2015 年,如有其他需求可直接利用"来源数据库""学科""研究层次""作者""机构""基金"分组进行限定。

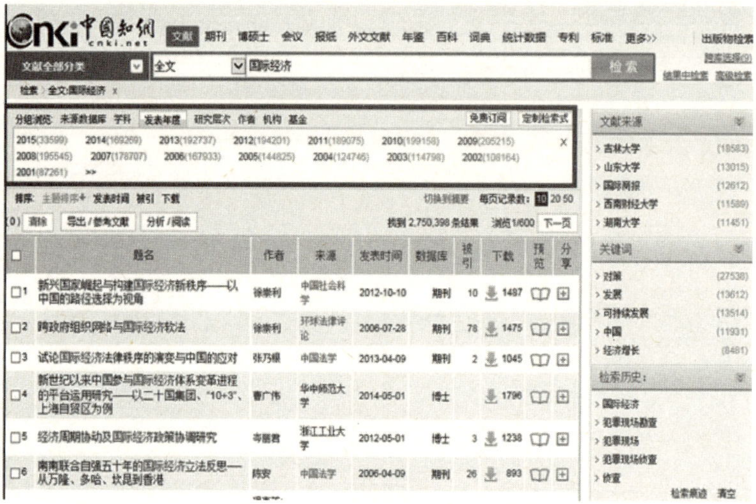

图 3-26

第四,利用学科分类细分主题。如图 3-27 所示,利用左上角的"文献全部分类",按照学科的分类更精准地查找所需学科的资料文献。

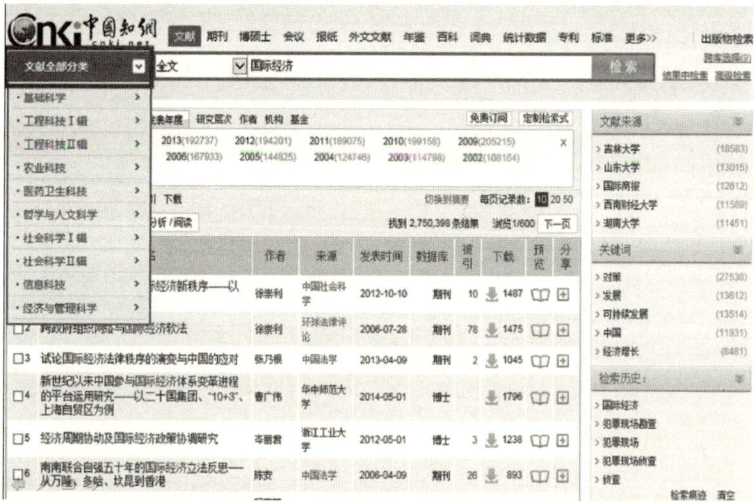

图 3-27

图 3-28

点击进入的界面如图 3-29 所示，引文网络图中可以看到本篇文章的参考文献和引证文献，帮助我们了解这个主题的研究脉络。将本网页往下拉，会看到该主题相关的推送资源，包括相似文献、同行关注文献、相同作者文献，如图 3-30 所示。这样就由一篇文章检索到许多主题相关的文章，由点到面更多的了解这个主题的资源。

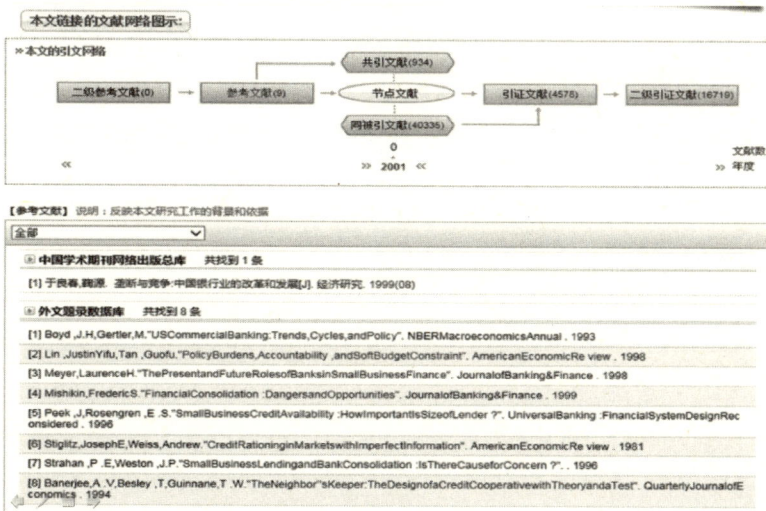

图 3-29

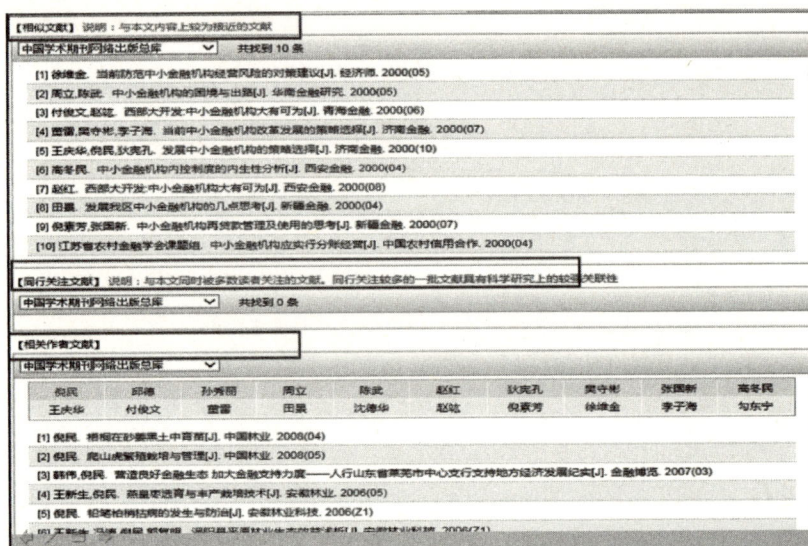

图 3-30

利用检索技巧进行检索可以更精准地找到我们所需的资源,帮助我们节省文献检索的时间。

(2)特色资源库介绍

除了知网的资源总库之外,还可以访问特色资源库,如丰富课余生活的中国精品文艺期刊文献库、中国精品文化期刊文献库,以及党政特色的党政领导决策参考信息库和中国政报公报期刊文献总库,下面,我们对具体的特色库作详细介绍。

首先,登录中国知网首页,点击中国知网首页左侧的资源总库,如图3-31。

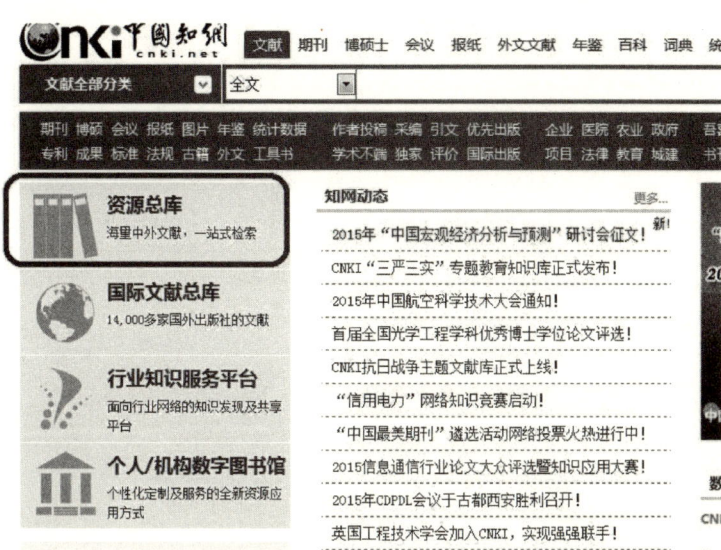

图 3-31

点击后，出现如下界面，如图 3-32。

图 3-32

图中红色圈住的地方就是政报公报与党政领导决策参考信息库的登录入口，点击即可进入，我们首先来认识一下党政领导决策参考信息库。

①党政领导决策参考信息库。

党政领导决策参考信息库精选自中国知识资源总库收录的重要党政期刊 2029 种和重要报纸 500 多种，为各级党政机关、科研机构、学校及各类企事业单位领导决策提供专业、权威、客观的智力支持,也为决策参谋、政策制定、绩效评估、政策储备研究和学术研究部门情报搜集整理、专题信息调研等提供知识信息资源服务。

如图 3-33,我们可以选择党政不同领域的期刊和报纸进行全文下载。例如选择中央党报下的《人民日报》,点击出现如图 3-34 所示界面。

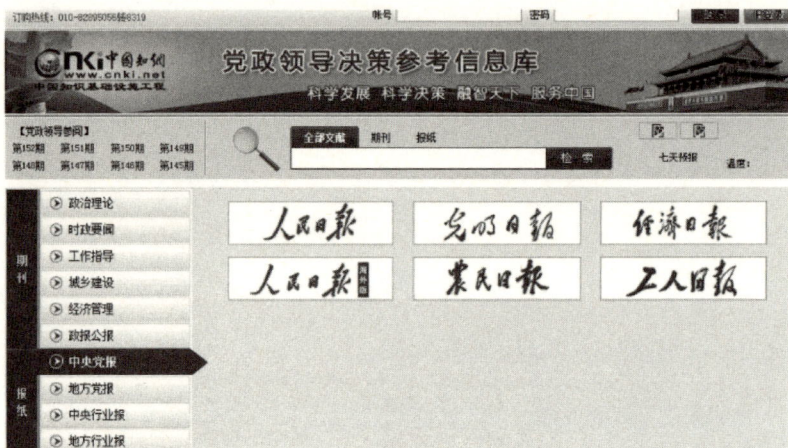

图 3-33

图 3-34

我们可以由此看到关于《人民日报》的主办单位、刊号、联系电话等相关信息,也可查阅到《人民日报》的最新内容,点击内容篇目即可进入下载界面,同时,参照图3-35,党政领导决策参考信息库也可根据首页左侧的部门分类,查找到分类下的文章资源,右侧的政治热点、经济热点、社会热点、民生热点板块则可向用户推送最新的热点研究文献,方便用户获取最新行业信息。

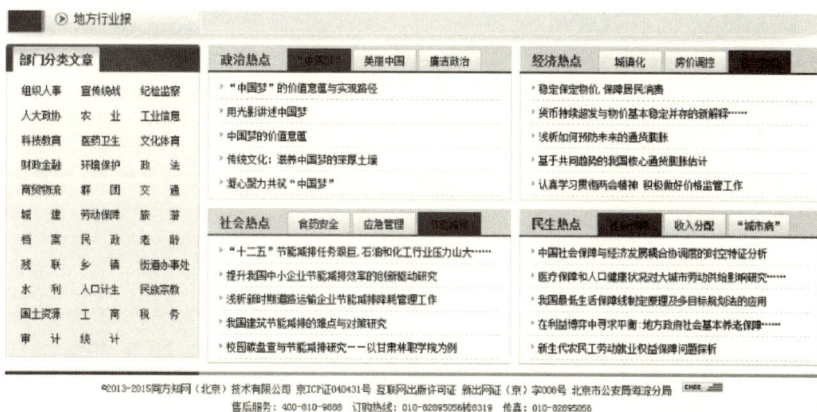

图 3-35

②中国政报公报期刊文献总库。

中国政报公报期刊文献总库是中央与地方政策法规、各级政府"红头文件"一站式检索工具。全面收录全国有立法权的各级人大、政府、法院、检察院以及各行业和团体主办的各类政报、公报、公告和文告类期刊,对国家和地方法律法规、各级政府和部门文件、经济与贸易政策、政务文件等进行了分类汇编,为各类机构和全社会提供完整的政治、经济、文化、教育、卫生等相关信息查询服务。主要收录1994年至今的数据,部分刊物对创刊以来的数据进行回溯。其登录方式与党政领导决策参考信息库相似,先从知网首页进入资源总库,再在法律板块找到中国政报公报期刊文献总库点击进入。

如图3-36,我们可以通过发布单位、内容、文献类型、地域进行文献查找和学习,也可以直接通过期刊分类浏览找到某种期刊的全部内容进行全文下载。

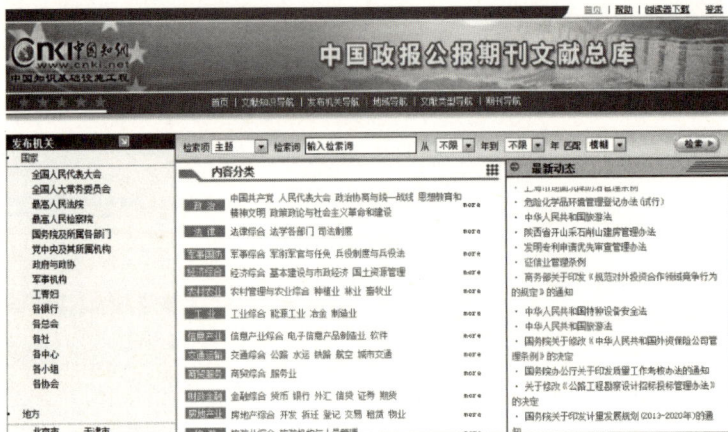

图 3-36

③中国精品文艺作品期刊文献库、中国精品文化期刊文献库。

中国精品文艺期刊文献库和中国精品文化期刊文献库可直接在中国知网首页登录,如图 3-37。点击"文艺"即可进入中国精品文艺作品期刊文献库。

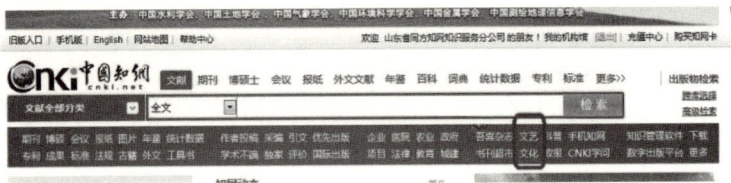

图 3-37

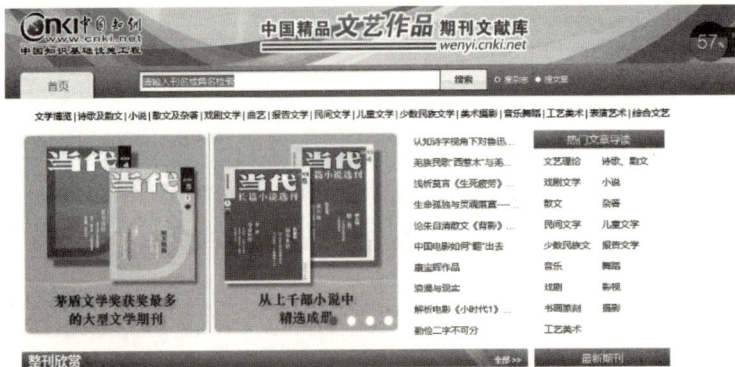

图 3-38

中国精品文艺作品期刊文献库全面、系统、连续地收录我国正式出版发行的主流精品文艺类期刊,为广大读者提供了一个欣赏文艺作品的平台,同时满足相关专业人员学习、研究的需求。中国精品文艺作品期刊文献库展示了我国文学艺术创作研究的最新成果,是一个集欣赏价值、娱乐价值和学术价值于一体的权威文学艺术全文数据库。

同样,点击"文化"即可进入中国精品文化期刊文献库,如图 3-39。

图 3-39

中国精品文化期刊文献库择优收录我国正式出版发行的 500 余种文化期刊,内容涵盖历史人文、法制时政、财经管理、文学文摘、娱乐时尚、衣食住行等方面,时尚便捷的仿印刷版整刊浏览功能真实再现期刊的原版原貌,更在同类产品中首度自建系统文献导航,打破刊种和刊期界限,方便读者按需阅读文章,致力于打造我国第一个专业化的大众文化期刊数字出版传播平台,以满足文化期刊数字化、国际化出版和建设学习型社会的需要。

3.5 家庭云电视

随着云时代的到来及全国各地有线电视"非正常数字化"的改造,很多家庭把目光聚焦到电信网络电视(IPTV)和其他渠道网络电视(网络视频播放器)。即目前在家庭内部收看各类视频节目的途径有四种:

途径一：有线广播电视台的电视信号。

特点：收费，舟山地区每个点 22 元，加点另计费。

途径二：中国电信公司的 IPTV 网络播放器；

特点：收费，舟山地区每个点 4 元不等，部分免费。

途径三：通过卫星锅收看。

特点：免费，但节目少。

途径四：通过网络视频播放器。

特点：免费，用户可以任意增加视频播放点，清楚度和视频流畅度依赖于家庭网络带宽。

在以上四种视频收看途径中，如果条件适合，途径四是最好的家庭视频播放设备。如图 3-40 所示为一台价格适中，效果极好的网络播放器，它要求的网络参数如下。

网络服务商：建议中国电信。

带宽：4M 或以上（如果网络服务商不是中国电信，则普遍播放效果不佳）。

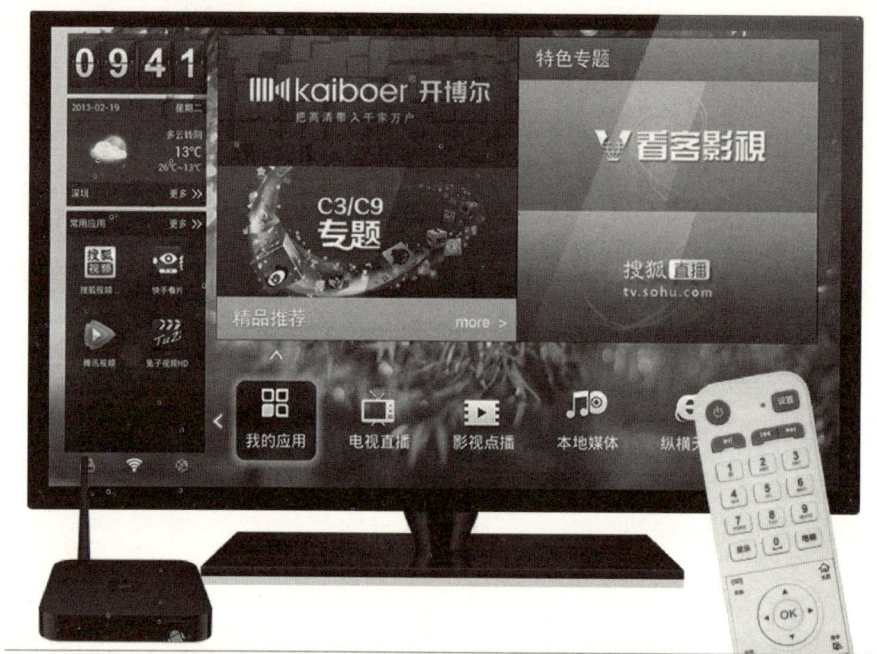

图 3-40　开博尔 C3 网络电视机顶盒

开博尔 C3 网络电视机顶盒应用简介：

(1)开博尔 C3 网络电视机顶盒连接示意图(图 3-41)

图 3-41 开博尔 C3 网络电视机顶盒连线方法

(2)开博尔 C3 网络电视机顶盒收视功能和娱乐功能扩展方法(图 3-42)

开博尔 C3 网络电视机顶盒用用 android4.0 操作系统,它像普通安卓手机一样可以进行一些常用的 APK 应用安装,以便用于扩展它的功能。

图 3-42　利用"TV 市场"扩展开博尔 C3 网络电视机顶盒功能

(3)开博尔 C3 网络电视机顶盒电视台扩展方法(图 3-43)

图 3-43　开博尔 C3 网络电视机顶盒电视台扩展方法

　　当利用上述方法完成电视台内容扩充后,我们就可以在电视中的相应位置找到具体的电视台链接,如图 3-44 所示为右侧添加了电视台网络播放地址的电视画面。

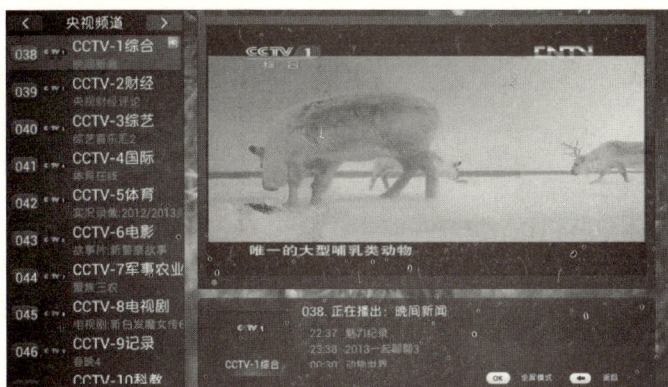

图 3-44 开博尔 C3 网络电视机顶盒右侧添加了网络电视台地址

（4）开博尔 C3 网络电视机顶盒与手机组合（图 3-45）

手机遥控成为网络电视机顶盒的绝佳搭档。利用手机我们可以轻松的遥控机顶盒。如我们需要利用开博尔 C3 网络机顶盒播放 PPTV，此时我们可以通过"TV 市场"和有关网站等得到"PPTV 手机遥控"APK 应用程序，然后将其安装在手机上（无须安装到开博尔 C3 网络电视机顶盒），即可轻松实现手机遥控 C3，另外，我们还可以利用触屏手机模拟鼠标触控板。

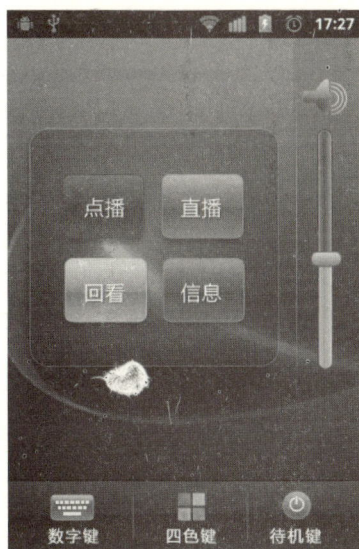

图 3-45　开博尔 C3 网络机顶盒可以于各类智能手机进行组合

开博尔 C3 网络机顶盒可以于各类智能手机进行组合,让手机成为游戏手柄、游戏控制器、电视遥控器。让手机成为游戏手柄、游戏控制器、电视遥控器。

(5)开博尔 C3 的播放程序应用实例(利用腾讯视频看节目,如图 3-46)

图 3-46　利用传统网络资源在电视上进行云播放

明白电子商务与电子政务

第四天

知识点导读

4.1　电子商务
4.2　电子商务网站可信度辨析
4.3　淘宝商家可信度辨析
4.4　电子政务

4.1　电子商务

4.1.1　电子商务的定义

电子商务是利用微电脑技术和网络通信技术进行的商务活动。各国政府、学者、企业界人士根据自己所处的地位和对电子商务参与的角度和程度的不同,给出了许多不同的定义。但是,电子商务不等同于商务电子化。

电子商务即使在各国或不同的领域有不同的定义,但其关键依然是依靠电子设备和网络技术进行的商业模式,随着电子商务的高速发展,它已不仅仅包括其购物的主要内涵,还应包括物流配送等附带服务。电子商务包括电子货币交换、供应链管理、电子交易市场、网络营销、在线事务处理、电子数据交换(EDI)、存货管理和自动数据收集系统。在此过程中,利用到的信息技术包括互联网、外联网、电子邮件、数据库、电子目录和移动电话。

首先将电子商务划分为广义和狭义的电子商务。广义的电子商务定义为,使用各种电子工具从事商务活动;狭义电子商务定义为,主要利用 Internet 从事商务或活动。无论是广义的还是狭义的电子商务的概念,电子商务都涵盖了两个方面:一是离不开互联网这个平台,没有了网络,就称不上为电子商务;二是通过互联网完成的是一种商务活动。

狭义上讲,电子商务(Electronic Commerce,简称 EC)是指通过使用互联网等电子工具(这些工具包括电报、电话、广播、电视、传真、计算机、计算机网络、移动通信等)在全球范围内进行的商务贸易活动。是以计算机网络为基础所进行的各种商务活动,包括商品和服务的提供者、广告商、消费者、中介商等有关各方行为的总和。人们一般理解的电子商务是指狭义上的电子商务。

广义上讲,电子商务一词源自 Electronic Business,就是通过电子手段进行的商业事务活动。通过使用互联网等电子工具,使公司内部、供应商、客户和合作伙伴之间,利用电子业务共享信息,实现企业间业务流程的电子化,配合企业内部的电子化生产管理系统,提高企业的生产、库存、流通和资金等各个环节的效率。

联合国国际贸易程序简化工作组对电子商务的定义是:采用电子形式开展商务活动,它包括在供应商、客户、政府及其他参与方之间通过任何电子工具。如 EDI、Web 技术、电子邮件等共享非结构化商务信息,并管理和完成在商务活动、管理活动和消费活动中的各种交易。

电子商务是利用计算机技术、网络技术和远程通信技术,实现电子化、数字化和网络化、商务化的整个商务过程。

电子商务是以商务活动为主体,以计算机网络为基础,以电子化方式为手段,在法律许可范围内所进行的商务活动交易过程。

电子商务是运用数字信息技术,对企业的各项活动进行持续优化的过程。

E-Commerce 集中于电子交易,强调企业与外部的交易与合作,而E-Business 则把涵盖范围扩大了很多。广义上指使用各种电子工具从事商务或活动。狭义上指利用 Internet 从事商务的活动。

4.1.2　电子商务的构成要素

(1)买卖

各大网络平台为消费者提供质优价廉的商品,吸引消费者购买的同时促使更多商家入驻。

（2）合作

与物流公司建立合作关系，为消费者的购买行为提供最终保障，这是电商运营的硬性条件之一。

（3）服务

电商三要素之一的物流主要是为消费者提供购买服务，从而实现再一次的交易。

4.1.3　电子商务的关联对象

电子商务的形成与交易离不开以下四个方面的关系：

（1）交易平台

第三方电子商务平台（以下简称第三方交易平台）是指在电子商务活动中为交易双方或多方提供交易撮合及相关服务的信息网络系统总和。

（2）平台经营者

第三方交易平台经营者（以下简称平台经营者）是指在工商行政管理部门登记注册并领取营业执照，从事第三方交易平台运营并为交易双方提供服务的自然人、法人和其他组织。

（3）站内经营者

第三方交易平台站内经营者（以下简称站内经营者）是指在电子商务交易平台上从事交易及有关服务活动的自然人、法人和其他组织。

（4）支付系统

支付系统（Payment System）是由提供支付清算服务的中介机构和实现支付指令传送及资金清算的专业技术手段共同组成，用以实现债权债务清偿及资金转移的一种金融安排，有时也称为清算系统（Clear System）。

4.1.4　电子商务的存在价值

电子商务存在价值就是让消费者通过网络在网上购物、网上支付，节省了客户与企业的时间和空间，大大提高了交易效率，特别对于工作忙碌的上班族，也大量节省了其宝贵时间。在消费者信息多元化的 21

世纪,可以通过足不出户的网络渠道,如百度微购、淘宝、新蛋等了解本地商场商品信息,然后再享受现场购物乐趣,已经成为消费者习惯。

4.1.5　移动电子商务

移动电子商务就是利用手机、PDA 及掌上电脑等无线终端进行的 B2B、B2C 或 C2C 的电子商务。它将因特网、移动通信技术、短距离通信技术及其他信息处理技术完美结合,使人们可以在任何时间、任何地点进行各种商贸活动,实现随时随地、线上线下的购物与交易、在线电子支付以及各种交易活动、商务活动、金融活动和相关的综合服务活动等。

移动电子商务是在无线传输技术高度发达的情况下产生的,比如经常提到的 3G 技术,移动技术是电子商务的载体。除此之外,WiFi 和 WaPi 技术,也是无线电子商务的选项之一。及时利用手机快速召开电话会议的移动电话会议解决方案。借助 4G/3G/WiFi 网络体验全新概念的移动会议,在会议的同时随时利用手机来管理会议,最大限度地提高人们的工作效率。

4.1.6　电子商务的发展历史

(1)起步期

1990—1993 年,电子数据交换时代,成为中国电子商务的起步期。

(2)雏形期

1993—1997 年,政府领导组织开展"三金工程"阶段,为电子商务发展期打下坚实基础。

1993 年成立了以时任国务院副总理邹家华为主席的国民经济信息化联席会议及其办公室,相继组织了金关、金卡、金税等"三金工程",取得了重大进展。

1996 年 1 月成立国务院国家信息化工作领导小组,由副总理任组长,20 多个部委参加,统一领导组织中国信息化建设。

1996 年,金桥网与因特网正式开通。

1997 年,信息办组织有关部门起草编制中国信息化规划。

1997 年 4 月在深圳召开全国信息化工作会议,各省市地区相继成立信息化领导小组及其办公室,各省开始制订本省包含电子商务在内的信息化建设规划。

1997年,广告主开始使用网络广告。

1997年4月以来,中国商品订货系统(CGOS)开始运行。

(3)发展期

1998—2000年,互联网电子商务发展阶段。

1998年3月,中国第一笔互联网网上交易成功。

1998年10月,国家经贸委与信息产业部联合宣布启动以电子贸易为主要内容的"金贸工程",它是一项推广网络化应用、开发电子商务在经贸流通领域的大型应用试点工程。

1999年3月8848等B2C网站正式开通,网上购物进入实际应用阶段。

1999年兴起政府上网、企业上网,电子政务(政府上网工程)、网上纳税、网上教育(湖南大学、浙江大学网上大学)、远程诊断(北京、上海的大医院)等广义电子商务开始启动,并已有试点,进入实际试用阶段。

(4)稳定期

2000—2009年,电子商务逐渐显现以传统B2B产业为主体,标志着电子商务已经进入可持续性发展的稳定期。

(5)成熟期

3G/4G的蓬勃发展促使全网全程的电子商务V5时代成型,电子商务已经受到国家高层的重视,并提升到国家战略层面。

4.1.7　电子商务的发展阶段

(1)第一阶段

电子邮件阶段。这个阶段可以认为是从20世纪70年代开始,平均的通讯量以每年几倍的速度增长。

(2)第二阶段

信息发布阶段。从1995年起,以Web技术为代表的信息发布系统,爆炸式地成长起来,成为Internet的主要应用。中小企业应该把握好从"粗放型"到"精准型"营销时代的电子商务。

（3）第三阶段

EC（Electronic Commerce），即电子商务阶段。EC 在美国也才刚刚开始，之所以把 EC 列为一个划时代的东西，是因为 Internet 的最终主要商业用途，就是电子商务。同时反过来也可以说，若干年后的商业信息，主要是通过 Internet 传递。Internet 即将成为我们这个商业信息社会的神经系统。1997 年底在加拿大温哥华举行的第五次亚太经合组织非正式首脑会议（APEC）上，美国总统克林顿提出敦促各国共同促进电子商务发展的议案，引起了全球首脑的关注，IBM、HP 和 Sun 等国际著名的信息技术厂商已经宣布 1998 年为电子商务年。

（4）第四阶段

全程电子商务阶段。随着 SaaS（Software as a Service）软件服务模式的出现，软件纷纷登陆互联网，延长了电子商务链条，形成了当下最新的"全程电子商务"概念模式。

（5）第五阶段

智慧阶段。2011 年，互联网信息碎片化以及云计算技术越发成熟，主动互联网营销模式出现，i-Commerce（individual Commerce）顺势而出，电子商务摆脱传统销售模式生搬上互联网的现状，以主动、互动、用户关怀等多角度与用户进行深层次沟通。其中以 IZP 科技集团提出的 ICE 最具有代表性。

4.1.8　电子商务的发展趋势

（1）更广阔的环境

人们不受时间的限制，不受空间的限制，不受传统购物的诸多限制，可以随时随地在网上交易。

（2）更广阔的市场

在网上这个世界将会变得很小，一个商家可以面对全球的消费者，而一个消费者可以在全球的任何一家商家购物。

（3）更快速的流通和低廉的价格

电子商务减少了商品流通的中间环节，节省了大量的开支，从而也大大降低了商品流通和交易的成本。

（4）更符合时代的要求

如今人们越来越追求时尚、讲究个性，注重购物的环境，网上购物，更能体现个性化的购物过程。

4.1.9　电子商务的涵盖范围

电子商务涵盖的范围很广，一般可分为代理商、商家和消费者（Agent、Business、Consumer，即 ABC），有企业对企业（Business-to-Business，B2B）、企业对消费者（Business-to-Consumer，B2C）、个人对消费者（Consumer-to-Consumer，C2C）、企业对政府（Business-to-Government）、线上对线下（Online To Offline，O2O）、商业机构对家庭（Business To Family）、供给方对需求方（Provide to Demand）、门店在线（Online to Partner，O2P）8 种模式，其中主要的有企业对企业（Business-to-Business）、企业对消费者（Business-to-Consumer）2 种模式。

消费者对企业（Consumer-to-Business，即 C2B）也开始兴起，并被马云等认为是电子商务的未来。随着国内 Internet 使用人数的增加，利用 Internet 进行网络购物并以银行卡付款的消费方式已日渐流行，市场份额也在迅速增长，电子商务网站也层出不穷。电子商务最常见的安全机制有 SSL（安全套接层协议）及 SET（安全电子交易协议）两种。

电子商务是一个不断发展的概念。IBM 公司于 1996 年提出了 Electronic Commerce（E-Commerce）的概念，到了 1997 年，该公司又提出了 Electronic Business（E-Business）的概念。但中国在引进这些概念的时候都翻译成电子商务，很多人对这两者的概念产生了混淆。

事实上，这两个概念及内容是有区别的，E-Commerce 应翻译成电子商业，有人将 E-Commerce 称为狭义的电子商务，将 E-Business 称为广义的电子商务。E-Commerce 是指实现整个贸易过程中各阶段贸易活动的电子化，E-Business 是利用网络实现所有商务活动业务流程的电子化。

4.1.10 电子商务的类型

按照商业活动的运行方式,电子商务可以分为完全电子商务和非完全电子商务。

按照商务活动的内容,电子商务主要包括间接电子商务(有形货物的电子订货和付款,仍然需要利用传统渠道,如邮政服务和商业快递车送货)和直接电子商务(无形货物和服务,如某些计算机软件、娱乐产品的联机订购、付款和交付,或者是全球规模的信息服务)。

按照开展电子交易的范围,电子商务可以分为区域化电子商务、远程国内电子商务、全球电子商务。

按照使用网络的类型,电子商务可以分为基于专门增值网络(EDI)的电子商务、基于互联网的电子商务、基于 Intranet 的电子商务。

按照交易对象,电子商务可以分为企业对企业的电子商务(B2B),企业对消费者的电子商务(B2C),企业对政府的电子商务(B2G),消费者对政府的电子商务(C2G),消费者对消费者的电子商务(C2C),企业、消费者、代理商三者相互转化的电子商务(ABC),以消费者为中心的全新商业模式(C2B2S),以供需方为目标的新型电子商务(P2D)。

4.1.11 电子商务的特征

从电子商务的含义及发展历程可以看出电子商务具有如下基本特征:

(1)普遍性

电子商务作为一种新型的交易方式,将生产企业、流通企业以及消费者和政府带入了一个网络经济、数字化生存的新天地。

(2)方便性

在电子商务环境中,人们不再受地域的限制,客户能以非常简捷的方式完成过去较为繁杂的商业活动。如通过网络银行能够全天候地存取账户资金、查询信息等,同时使企业对客户的服务质量得以大大提高。在电子商务商业活动中,有大量的人脉资源开发和沟通,从业时间灵活,完成公司要求,有钱有闲。

（3）整体性

电子商务能够规范事务处理的工作流程，将人工操作和电子信息处理集成为一个不可分割的整体，这样不仅能提高人力和物力的利用率，也可以提高系统运行的严密性。

（4）安全性

在电子商务中，安全性是一个至关重要的核心问题，它要求网络能提供一种端到端的安全解决方案，如加密机制、签名机制、安全管理、存取控制、防火墙、防病毒保护等等，这与传统的商务活动有着很大的不同。

（5）协调性

商业活动本身是一种协调过程，它需要客户与公司内部、生产商、批发商、零售商间的协调。在电子商务环境中，它更要求银行、配送中心、通信部门、技术服务等多个部门的通力协作，电子商务的全过程往往是一气呵成的。

4.1.12　电子商务的功能

电子商务可提供网上交易和管理等全过程的服务。因此，它具有广告宣传、咨询洽谈、网上订购、网上支付、电子账户、服务传递、意见征询、交易管理等各项功能。

（1）广告宣传

电子商务可凭借企业的 Web 服务器和客户的浏览，在 Internet 上发布各类商业信息。客户可借助网上的检索工具迅速地找到所需商品信息，而商家可利用网上主页和电子邮件在全球范围内做广告宣传。与以往的各类广告相比，网上的广告成本最为低廉，而给顾客的信息量却最为丰富。

（2）咨询洽谈

电子商务可借助非实时的电子邮件、新闻组和实时的讨论组来了解市场和商品信息、洽谈交易事务，如有进一步的需求，还可用网上的白板会议（Whiteboard Conference）来交流即时的图形信息。网上的咨询和洽谈能超越人们面对面洽谈的限制、提供多种方便的异地交谈形式。

（3）网上订购

电子商务可借助 Web 中的邮件交互传送实现网上的订购。网上的订购通常都是在产品介绍的页面上提供十分友好的订购提示信息和订购交互格式框。当客户填完订购单后，通常系统会回复确认信息单来保证订购信息的收悉。订购信息也可采用加密的方式使客户和商家的商业信息不会泄露。

（4）网上支付

电子商务要成为一个完整的过程。网上支付是重要的环节。客户和商家之间可采用信用卡账号实施支付。在网上直接采用电子支付手段将可省略交易中很多人员的开销。网上支付将需要更为可靠的信息传输安全性控制以防止欺骗、窃听、冒用等非法行为的发生。

（5）电子账户

网上的支付必须要有电子金融来支持，即银行或信用卡公司及保险公司等金融单位要为金融服务提供网上操作的服务。而电子账户管理是其基本的组成部分。信用卡号或银行账号都是电子账户的一种标志。而其可信度需配以必要技术措施来保证，如数字凭证、数字签名、加密等，这些手段的应用提供了电子账户操作的安全性。

（6）服务传递

对于已付了款的客户应将其订购的货物尽快地传递到他们的手中。而有些货物在本地，有些货物在异地，电子邮件能在网络中进行物流的调配。最适合在网上直接传递的货物是信息产品。如软件、电子读物、信息服务等。它能直接从电子仓库中将货物发到用户端。

（7）意见征询

电子商务能十分方便地采用网页上的"选择""填空"等格式文件来收集用户对销售服务的反馈意见。这样使企业的市场运营能形成一个封闭的回路。客户的反馈意见不仅能提高售后服务的水平，更使企业获得改进产品、发现市场的商业机会。

（8）交易管理

整个交易的管理将涉及人、财、物多个方面，企业和企业、企业和客户及企业内部等各方面的协调和管理。因此，交易管理是涉及商务活动全过程的管理。电子商务的发展,将会提供一个良好的交易管理的网络环境及多种多样的应用服务系统。这样,能保障电子商务获得更广泛的应用。

4.1.13　我国电子商务发展的主要特点

(1)市场规模不断扩大

2017年,全国网上零售额同比增长32.2%,增速较去年提高了6个百分点。其中,实物商品的网上零售额达到5.48万亿元,增长28%,占社会消费品零售总额的比重为15%,比上一年提升2.4个百分点。对社会消费品零售总额增长的贡献率为37.9%,比上年提升7.6个百分点。网络零售对消费的拉动作用进一步增强。

(2)区域结构逐步优化

我国网络零售市场仍然保持着东强西弱的基本格局,中西部地区发展势头迅猛。根据商务部监测,2017年网络零售交易额排名前五的广东、浙江、北京、上海、江苏五个省市占全国比重为74.8%,较上一年下降了3.8个百分点,区域集中度有所下降。西部地区的交易额增速达到45.2%,比东部地区高出12个百分点。青海、西藏、甘肃等西部省份,2017年网店数量增速居全国前列。

(3)业态多元化、消费品质化趋势显现

2017年,电子商务新主体、新业态快速发展,跨境经营、无人零售、社交电商、优品电商、二手电商等营造消费新场景,激发消费新需求,品质、智能、绿色商品已经被越来越多的消费者认可和选择。2017年智能穿戴、高端家电、生鲜食品、医药保健等商品品类网络销售增速均超过70%。

(4)示范体系引领作用进一步增强

2017年,国家积极推进电子商务示范体系建设,有关地方因地制宜,完善政策体系,打造高水平的公共服务。国家遴选了238家电子商务示范企业,引导规范经营、创新发展模式,形成了示范带头效应。

(5)农村电商促进精准扶贫取得了新成效

我国持续推进电子商务进农村的综合示范,主要电商平台通过产业培育、物流建设、用工帮扶、金融支持等多种形式,助力脱贫攻坚。

(6)"丝路电商"助推企业"走出去"

2017年,积极推动"丝路电商"国际合作,与"一带一路"七个国家建立双边电子商务合作机制,推动成立金砖国家电子商务工作组,达成《金砖国家电子商务合作倡议》,有力推动我国电子商务企业"走出去",不断提高国际化的经营水平。

4.2 电子商务网站可信度辨析

中国目前主要的电商网站见表4-1。电子商务网站的底部一般都有大量认证信息并可以点击进入查看。如图4-1所示为"凡客诚品"的底部信息示意图,从它的"经营性网站备案信息"中我们可以查看"凡客诚品"的控股公司、经营范围等(该信息一般指向国家政府认证机关,而不是指向公司自己的介绍,如此处链接到 http://www.hd315.gov.cn)。

表 4-1 中国目前主要的电商网站

序号	电商名称	网址	幕后公司
1	淘宝	www.taobao.com	阿里巴巴
2	天猫(淘宝旗下)	www.tmall.com	阿里巴巴
3	京东商城	www.3.cn(或 www.360buy.com)	京东
4	苏宁易购	www.suning.com	苏宁电器
5	库巴网	www.coo8.com	国美电器
6	当当网	www.dangdang.com	当当
7	凡客诚品	www.vancl.com	凡客诚品(北京)
8	一号店	www.yihaodian.com	纽海信息技术(上海)
9	易迅网	www.51buy.com	腾讯QQ控股
10	爱买网超	www.ibuyday.com	申通快递

出版物经营许可证新出发京批字第直110138号
Copyright 2007 - 2012 vancl.com All Rights Reserved 京ICP证100557号 京公网安备110105001124号

诚信网站　CNGA 中国服装协会 会员单位　网上交易保障中心　经营性网站备案信息

图 4-1 所示为"凡客诚品"的底部信息示意图

　　对于一些假冒电子商务购物网站,它们虽然也会在底部做一下图片链接,但是链接内容的指向一般都是假冒或指向自己本身,如图 4-2 所示为中国谷蜂(假冒 iPone5 手机)网站底部的宣传信息,当你点击图中图片时无任何信息,部分假网站则可以点击,但链接指向自己网站的其他内部信息,无任何可信度。

　　对于虚假网站,查询底部链接信息中经营性网站备案信息是最有效的方法。同时,网友也要坚决抵制部分"超低价、海关罚没品、预先支付订金"等的不良信息诱惑。

图 4-2　假冒伪劣网站的虚假信息

4.3　淘宝商家可信度辨析

　　淘宝网站(www.taobao.com)的电子商务形式主要有二种:B2C 和 C2C,其中 B2C 的业务主要以天猫(www.tmall.com)来承载。

4.3.1　网店网址

　　如联想电脑在淘宝天猫上的网址是:

　　lenovo.tmall.com——从网址可以看出差别,tmall.com 是一级域名,天猫下的正规大企业商家则以二级域名的形式出现,一般网页顶部还会有"＊＊旗舰店"等字样,如图 4-3,而图 4-4 的官方店则有假冒的可能。

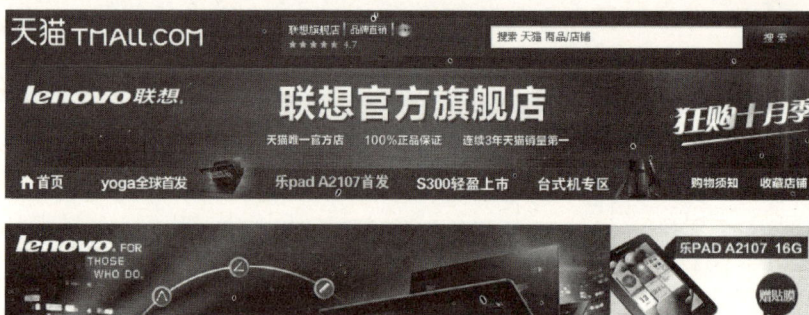

图 4-3　联想淘宝官方旗舰店

图 4-4　有假冒可能的山寨官方特价店(理由 1:非天猫商家)

4.3.2　评价内容和七天退换标志

而对于 C2C 形式的网站,我们需要重点关注该店的"信誉度、具体评价内容和价格"。淘宝网店的部分信誉度是"假刷"而提高的,但这种假冒高信誉的网店一般缺少"具体的评价内容"。

另外在淘宝购物上,首选价格一般要参考同类商品的平均价,尽量选择高于平均价的商品,同时多挑选具有"七天退换"等信息的商家进行交易,如图 4-5 所示。当然,对于具体的卖家,我们一定还要仔细查看一下你想购的商品的具体交易评价信息,如图 4-6 所示。

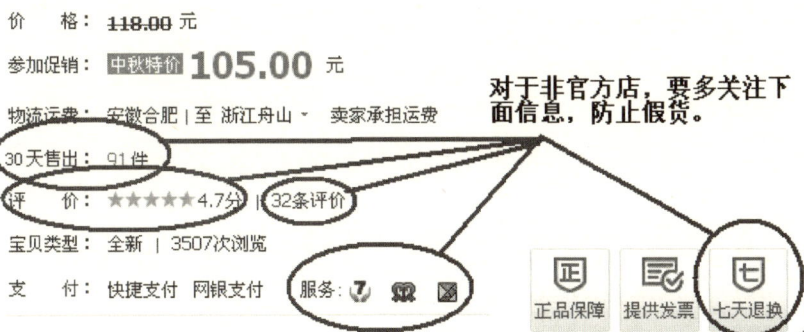

图 4-5　C2C 购物中要关注的信息

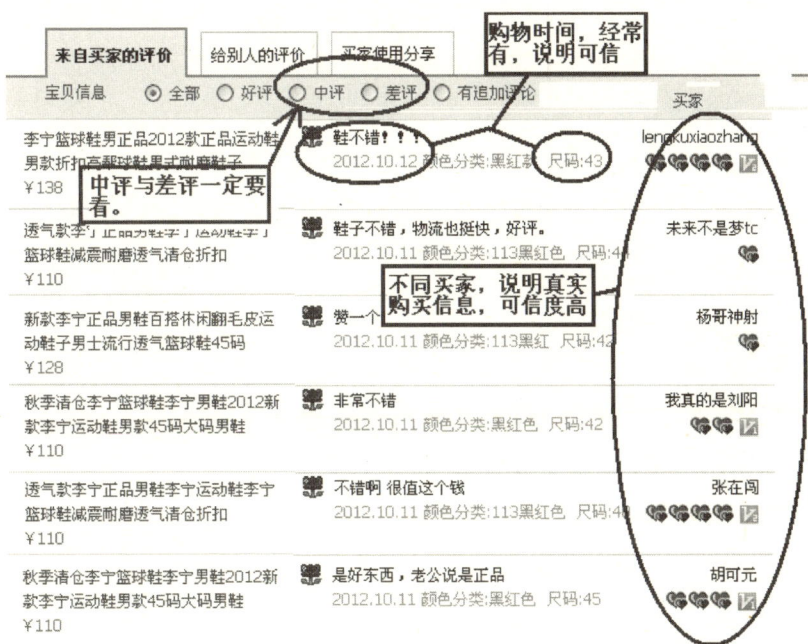

图 4-6　商品具体的交易评价信息

4.4　电子政务

4.4.1　电子政务的概念

电子政务是指国家机关在政务活动中，全面应用现代信息技术、网络技术以及办公自动化技术等进行办公、管理和为社会提供公共服务的一种全新的管理模式。

理解电子商务,应着重把握其内涵。电子政务最重要的内涵就是运用信息技术,打破现有行政机关的组织界限,构建一个电子化的虚拟政府,使得人们从各种渠道获取政府的信息和服务。主要包括以下四个方面的内容:

①在因特网上发布政府信息,供社会公众了解和使用;

②通过因特网对政府与公众之间的事务进行互动处理,能够使政府快速听到群众的呼声,对民众来信和意见做出及时处理;

③在政府机构内部实现办公自动化,提高政府机构办公效率;

④公务员从网络中获得机构内部的工作信息和机构外部的业务信息,为日常的政务工作和领导决策提供服务。

广义电子政务的范畴,应包括所有国家机构在内;而狭义的电子政务主要包括直接承担管理国家公共事务、社会事务的各级行政机关。

自 20 世纪 90 年代电子政务产生以来,关于电子政务(Electronic Government)的定义有很多,并且随着实践的发展而不断更新。

联合国经济社会理事会将电子政务定义为,政府通过信息通信技术手段的密集性和战略性应用组织公共管理的方式,旨在提高效率、增强政府的透明度、改善财政约束、改进公共政策的质量和决策的科学性,建立良好的政府之间、政府与社会、社区以及政府与公民之间的关系,提高公共服务的质量,赢得广泛的社会参与度。

世界银行则认为电子政务主要关注的是政府机构使用信息技术(比如万维网、互联网和移动计算),赋予政府部门以独特的能力,转变其与公民、企业、政府部门之间的关系。这些技术可以服务于不同的目的:向公民提供更加有效的政府服务、改进政府与企业和产业界的关系、通过利用信息更好地履行公民权,以及增加政府管理效能。因此而产生的收益可以减少腐败、提供透明度、促进政府服务更加便利化、增加政府收益或减少政府运行成本。

电子政务是一个系统工程,应该符合三个基本条件:

第一,电子政务是必须借助于电子信息化硬件系统、数字网络技术和相关软件技术的综合服务系统；硬件部分：内部局域网、外部互联网、系统通信系统和专用线路等；软件部分：大型数据库管理系统、信息传输平台、权限管理平台、文件形成和审批上传系统、新闻发布系统、服务管理系统、政策法规发布系统、用户服务和管理系统、人事及档案管理系统、福利及住房公积金管理系统等数十个系统。

第二，电子政务是处理与政府有关的公开事务、内部事务的综合系统。除包括政府机关内部的行政事务以外，还包括立法、司法部门以及其他一些公共组织的管理事务，如检务、审务、社区事务等。

第三，电子政务是新型的、先进的、革命性的政务管理系统。电子政务并不是简单地将传统的政府管理事务原封不动地搬到互联网上，而是要对其进行组织结构的重组和业务流程的再造。因此，电子政府在管理方面与传统政府管理之间有显著的区别。

4.4.2　电子政务的主要内容

①政府从网上获取信息，推进网络信息化。

②加强政府的信息服务，在网上设有政府自己的网站和主页，向公众提供可能的信息服务，实现政务公开。

③建立网上服务体系，使政务在网上与公众互动处理，即"电子政务"。

④将电子商业用于政府，即"政府采购电子化"。

⑤充分利用政务网络，实现政府"无纸化办公"。

⑥政府知识库。

4.4.3　电子政务与传统政务的区别

（1）办公手段不同

信息资源的数字化和信息交换的网络化是电子政务与传统政务最显著的区别。传统政务办公模式依赖于纸质文件作为信息传播的介质，办公手段落后，效率低。政府通过计算机存储介质或网络发布信息，远比通过纸质介质发布的信息容量大、速度快、形式灵活。

（2）行政业务流程不同

标准化和高效化是电子政务的核心，是与传统政务的重要区别。传统政务的机构设置管理层次多，决策与执行层之间信息沟通的速度较慢，费用较多，信息失真率较高，会造成了机构臃肿膨胀、行政流程复杂、办事效率降低等不良后果。电子政务的发展使信息传递高速、快捷。政府可以根据自身的需要，适度地减少管理层次，拓宽管理幅度，使行政流程尽量优化、标准化，使大量常规性、例行性的事务电子化，从而极大地提高政府的行政效率。

（3）与公众沟通方式不同

直接与公众沟通是实施电子政务的目的之一，也是与传统政务的又一重要区别。传统政务中间环节缺乏有力的民主监督，以致发生腐败现象。而电子政务可以让公众迅速了解政府机构的组成、职能、办事章程和各项政策法规，提高办事效率和执法的透明度，促进勤政廉政建设；同时，普通公众也可以在网上与政府负责人直接进行信息交流，反映大众呼声，促进政府职能转变，更便于发扬民主。

4.4.4　电子政务的特点

电子政务将使政务工作更有效、更精简。

电子政务将使政府工作更公开、更透明。

电子政务将为企业和居民提供更好的服务。

电子政务将重新构造政府、企业、居民之前的关系，使之比以前更加协调，使企业和居民能够更好地参与政府的管理。

4.4.5　电子政务的作用

（1）信息发布

指对将要公布的信息，运行 FTP 等软件上传到相应的 WWW 服务器，通过因物网发布给广大网民。

（2）内部办公自动化

指建立办公业务流程的自动化系统，公文、报表制作及管理等业务实现计算机处理，并通过局域网进行数据交换，达到办公业务规范化、科学化和无纸化。

（3）网上交互办公

指实现在线查询、登记、申报、备案、讨论、意见征集等交互式办公。还包括政府采购、招标、审批以及网上报税和纳税，政府机关之间、政府与企业之间以 EDI 进行通信及交易处理等。

（4）部门间协同工作

指多个政府机构针对同一事项，利用共同的网络平台进行协同工作。

4.4.6　电子政务的工作模式

目前，电子政务的工作模式主要有 G to G 模式、G to E 模式、G to B 模式和 G to C 模式四种。

其中 G to G 电子政务即政府与政府之间的电子政务，又称作 G2G。它是指政府内部、政府上下级之间、不同地区和不同职能部门之间实现的电子政务活动。G to G 模式是电子政务的基本模式；G to E 电子政务指政府与政府公务员（employee，即政府雇员）之间的电子政务，又称作 G2E；G to B 电子政务指政府与企业之间的电子政务，又称作 G2B；G to C 电子政务指政府与公民之间的电子政务，又称作 G2C，是政府通过电子网络系统为公民提供各种服务，如图 4-7 所示。除了本地的一些电子政务服务，在浙江，其实还有一个统一的可以联到所有部门的电子政务网，那就是浙江电子政务：http://www.zjzwfw.gov.cn。这是浙江省"最多跑一次"改革的实现平台和技术支撑平台。如图 4-8 所示。

图 4-7　舟山市公安局网上办事大厅

图 4-8　浙江省政务服务网

排除自己的网络故障

第五天

5.1　小型网络故障

目前,多数家庭网络一般采用无线环境,少部分采用有线网络。对于无线网络,故障的来源主要有四部分:ADSL、无线路由器、小区 LAN 和光纤收发器故障。

5.1.1　ADSL 常见接线及故障

家用 ADSL 设备的连接比较简单,常见的 ADSL 设备有两种:有线和无线,其中无线 ADSL 设备往往还带路由器功能,如下图 5-1 所示为有线 ADSL 设备接线图,图 5-2 所示为带无线路由功能的 ADSL 接线图。

（1）根据代码排除故障

ADSL 是一种简单易行的接入方式,它在很多农村地区、城市旧小区中大量存在。当 ADSL 出现故障时,一般都会有相应的错误代码,具体含义如下。

问 1:连接上网的时候,提示错误 678 远程计算没响应,不能上网了,是什么原因?

出现此类现象原因很多,主要是硬件没有正确连接或是电话线路中断。

解决步骤:

①先尝试电话是否可以拨打,判断线路是否畅通。

②检查信号 Modem 信号灯是否正常,查看电话线及网线是否连接

正确。

③如仍无法连接,拨打 10001-3-2,进行宽带故障一键修复,修复完成后,关机 Modem 电源 10 分钟后尝试。

④如仍无法连接,请准备身份证信息,拨打 10000 进行人工处理。

问 2:连接上网的时候,提示错误 691 用户名密码错误,不能上网了,是什么原因?

解决步骤:

①查询宽带是否欠费停机,如有欠费,请尽快交清欠费尝试。

②确认账号及密码输入是否正确,建议清除后全部重新输入后尝试。

③如仍无法连接,请本机拨打 10001-3-2,进行密码修改,修改成功 10 分钟后,重新输入新密码尝试。

④如仍无法连接,请准备身份证信息,拨打 10000 进行人工处理。

问 3:连接上网的时候,提示错误 769 无法连接到指定目标,不能上网了,是什么原因?

这是指你电脑的网络设备有问题。

解决步骤:

①请检查 Modem 电源是否正常开启,电话线及网线是否正常连接。

②网上邻居——右键选择属性,查看电脑本地连接:如果没有本地连接图标,请检查电脑网卡驱动是否安装、网卡是否松动,重新安装驱动或网卡插拔尝试,如仍无图标,请联系电脑公司维修电脑;本地连接图标上显示禁用,则双击图标启用,并重新连接尝试。

问 4:连接上网的时候,提示错误 718 等待远程计算机有效响应的连接超时,不能上网了,是什么原因?

故障原因:

①错误 718 大部分为服务器故障造成,出现该错误,请查看当地是否有机房维护等公告。

②如无任何公告可拨打 10000 进行人工确认。

(2)根据指示灯分析故障

在实际应用中,我们也可以借助 ADSL 的灯进行区分。

外置 ADSL Modem 面板上通常有 Power、Link、LAN 这几个指示灯（如图 5-1），它们都有着不同的指示意义，正常情况下，Power、Link、LAN 三个灯是要长亮的，如果它们处于闪烁或熄灭状态下，ADSL 就无法正常工作。你可以根据 ADSL 指示灯的显示情况，来判断及排除 AD-SL 使用中的常见故障。

如果电源指示灯不亮，应该是电源出问题了。其他灯的位置及相关信息含义是：

Link 指示灯：该指示灯表示线路连接情况，开机后会长亮，绿灯常亮表明 ADSL 链路正常，说明用户端至局端线路无故障。如果该指示灯不亮，或者一直闪烁，表示线路有问题。

解决方法：检查电话线路和分离器（如图 5-2，利用 ADSL 接入的宽带与电话线之间必须使用分离器，否则上网过程中如有电话信号，网络则会中断，同时电话信号中会有很多杂音）连接是否正确；分离器之前是否接有其他设备，如分机、防盗器等；接线盒或水晶头是否完好；ADSL 旁边是否有无线通信设备（如手机）。

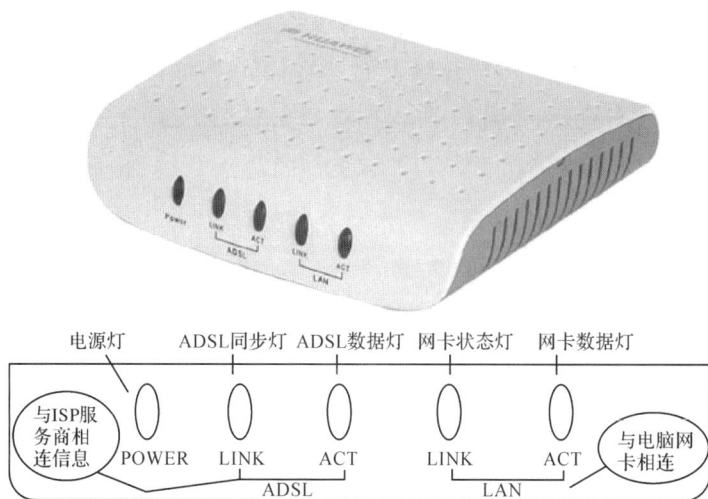

图 5-1　ADSL 指示灯

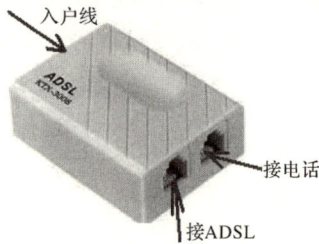

图 5-2　ADSL 分离器

如果户内没有问题,说明线路有问题,是不是离电信局太远(2.5公里以上)。使用话机检查电话线路是否有故障,请线路检修人员检查一下户外线路是否有问题。在确认线路没有问题的情况下,Link灯如果还是不能长亮,那么就有可能是 ADSL 与服务提供商的中心交换机不兼容,建议更换不同型号或不同品牌的 ADSL。

小提示:能否打接电话,只能判断电话通道有无问题,并不能判断ADSL 通道的好坏。因为开通 ADSL 的线路上,有三个通道:一个是 4K的电话服务通道;一个是 896K 的 ADSL 上行通道;一个是 8M 的下行通道。如果能打接电话,只能说明电话服务通道没有问题。

LAN 灯(局域网指示灯):这个指示灯表示 ADSL 设备与你的电脑连接是否正常,当网线中有数据传送时,此灯会略闪烁。如果 LAN 灯不亮,表明 ADSL 与 PC 之间没有连通,电脑就无法与 ADSL 通信,当然就不能正常拨号了。这时你就要检查一下网卡是否正常工作(查看"网络适配器"下有无带"?"或"!"的设备,如有,则删除后重新安装);网线类型是否正确、网线是否有损、网线连接是否有效。

5.1.2　无线路由器应用

普通无线路由器是一台具有有线交换机、无线交换机、路由器和简单网络监控的网络设备,登录和管理无线路由器的最常用操作就是通过无线路由器的 IP 进行 WEB 方式登录,然后进行 WAN 和 LAN 口 IP 地址设置、电信上网账号设置、无线密码和账号设置、无线路由器重置等操作。

(1)无线路由器复位操作及默认管理 IP 和账号

当一台无线路由器无法登录管理时，一般我们要进行复位操作，常用的操作方法是：按住无线路由器复位开关(一个小孔，可用牙签)不放，然后打开无线路由器电源，约 10 秒后再松开复位开关，无线路由器内所有的设置就能自动恢复到出厂设置。

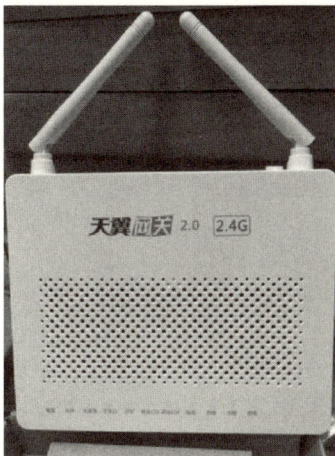

图 5-3　某款无线路由设备的 RESET 复位按钮

不管经过 RESET 与否，恢复默认出厂设置后，相关登录账号等信息都可以在设备的背部查询到，如图 5-4 所示。

图 5-4　无线路由器背部的 IP 信息和管理账号信息

(2)无线路由器常见故障排查

问 1：无线已经连接上，但偶尔出现连接中断现象，怎么办？

解决步骤(以常用的 TP-LINK 无线路由为例)：

①无线信号周围存在譬如微波炉等信号干扰源，建议远离或关掉这些干扰设备。

②无线客户端接收范围内可能存在重复的网络名称,建议修改SSID号。

③附近有多个无线信号都集中在一个信道,譬如图5-5中6信道,建议修改无线信号信道为1或11。

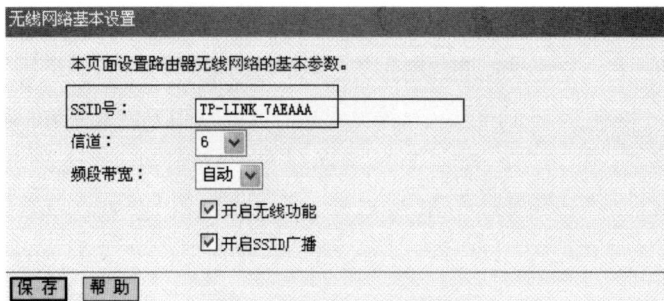

图 5-5　无线网络基本设置

④搜索到的无线信号很弱,建议靠近无线信号源再测试使用效果。

⑤某些病毒会导致掉线,可以使用杀毒软件查杀电脑病毒。

⑥硬件或驱动问题。建议更新到无线网卡最新的驱动程序以及检测硬件是否已损坏。

问 2:在 IE 浏览器地址栏输入 192.168.1.1,无法弹出用户名和密码对话框。

解决步骤:

①检查电脑是否和 LAN 口(1,2,3,4 口中任意一口)连好,路由器上对应的指示灯是否是亮的。

②如果是拨号上网的用户,请先删除宽带的拨号连接,并选择"从不进行拨号连接"。点击浏览器里面的工具—Internet 选项—连接,如图5-6。

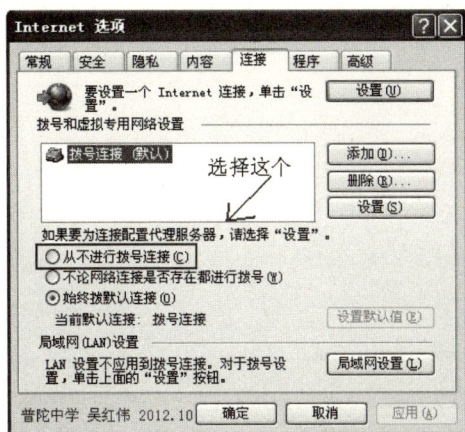

图 5-6　设置 Internet 选项中的"从不进行拨号连接"

③检查 IE 是否设置了代理，如果有请取消。在上图中点击局域网设置，如图 5-7。

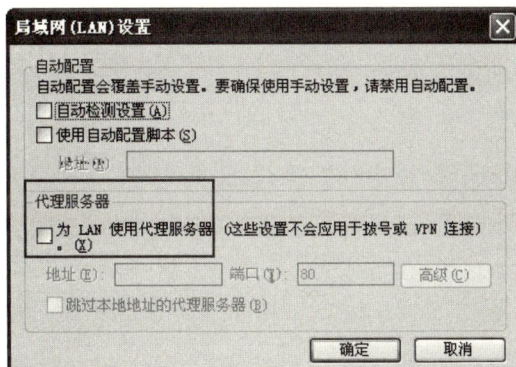

图 5-7　设置局域网中的代理服务器状态为无代理（要求红框中不能选择）

④检查本地连接的 IP 地址与路由器 LAN 口 IP 处于同一网段。如果不在同一网段，可以手工配置一个 IP 地址，如图 5-8。

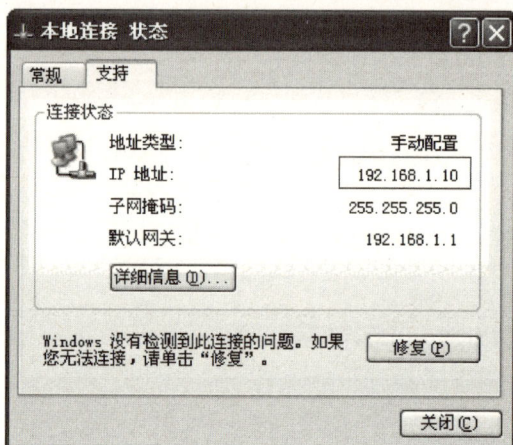

图 5-8　设置 IP 地址与路由器在同一个网段

⑤如果修改了路由器管理端口,则登录时应输入 http://LAN 口 IP:端口号。

⑥重启电脑后再尝试登陆 192.168.1.1 的管理界面。

⑦如果以上操作还是不行,可以尝试将路由器复位。

5.2　小型网络路由器设置和维护

对于家庭用户和小型企业用户,一般都需要用到简易型路由器设备,以便为企业或家庭内所有终端设备提供上网服务。

5.2.1　小企业型路由器设置

路由器是指能将两个网络连接起来的设备,路由器能连接局域网或者一组电脑到互联网,处理并校验在网络中传输的数据。

路由器网络地址转换技术(NAT)保护网络中的电脑,使互联网用户侦测不到,这是保护局域网的有效方法。路由器检查互联网端口的数据包,只转发允许通过的数据包到内网,增加了局域网的安全性。

针对小企业的路由器非常多,为了管理和应用更加便捷,本处选择了友讯(D-Link)DI-8004W 上网行为管理认证路由器(如图 5-9),它具有无线接入、路由和上网行为管理等功能,支持最多 4 个互联网端口和最多 4 个局域网端口及 300M 高速无线传输功能。它采用网络专用处理器,性能优越,能满足 40～50 个用户同时上网的需求。支持多线路带宽叠加,PPPOE 认证计费、WEB 认证计费,DNS 缓存服务器,多 LAN 口 VLAN 隔离,酒店模式,智能流量控制,IP-MAC 地址绑定,上网行为管理,VPN 应用等功能。内置硬件防火墙,能有效防范 DDoS 类攻击,ARP 欺骗等病毒入侵。

图 5-9　D-Link DI-8004W 上网行为管理认证路由器

(1)面板接口及指示灯信息

POWER 灯:电源指示灯,当路由器加电后该灯常亮。

SYS 灯:系统正常运行时,以 1 Hz 的速率闪烁。熄灭或常亮时异常。

LAN 灯:局域网接口指示灯,线路接通后此灯亮起,有数据传输时此灯会开始闪烁。

WAN 灯:广域网接口指示灯,分别对应相应的 WAN 口,有数据传输时此灯会闪烁。

LAN:路由器内网网络接口。

WAN1～4:路由器外网网络接口:1——外网网络接口;2——外网网络接口;3——外网网络接口;4——RESET 按钮:运行中按住按钮 3 秒后松开,路由器恢复出厂设置。

(2)连通计算机与路由器

①打开路由器电源,等待片刻,当路由器前面板的 system 灯匀速闪烁以后,表示路由器已经进入工作状态,可以接受配置了。

②首先需要将电脑与路由器的 LAN 口用网线连接起来,正确配置计算机的网络设置,并加载 TCP/IP 协议。

③设置计算机的 IP 地址在 192.168.0.2～192.168.0.254 范围内(即与路由器内网地址在同一网段内,例如 192.168.0.2),子网掩码为 255.255.255.0,默认网关为 192.168.0.1,DNS 为 192.168.0.1。

如图 5-10 所示为连接该路由器的某台计算机 IP 设置信息图,同时也可以作为管理该路由器的管理用计算机,该机 IP 地址要求修改为 192.168.0.2,子网掩码为 255.255.255.0,网关为 192.168.0.1,DNS 服务器地址填上网络供应商提供的 DNS 地址,若不清楚,可以直接填网关 IP。

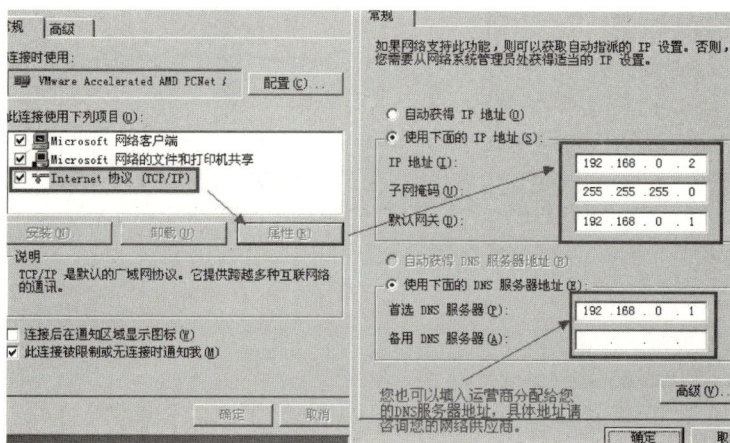

图 5-10　管理路由器的计算机 IP 信息设置示意图

④设置好管理路由器计算机的 IP 之后,我们依次点击计算机的"开始菜单—运行",在运行窗口中输入"ping 192.168.0.1-t"根据返回的结果来检查计算机和本产品是否正常连通,如图 5-11。

图 5-11　用 ping 命令测试连通状态

若显示图 5-12 所示的结果,表示网络连接正确,可以进行下一步操作。

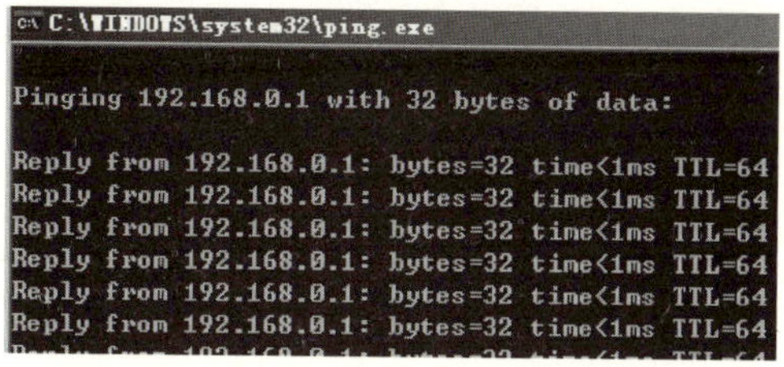

图 5-12　连通正常的 ping 命令反馈信息

若显示图 5-13 所示的结果,则表明网络连接有问题,或者设备未正确安装,可以按照下面的步骤检查:

①设备的物理连接是否正确?

与计算机网卡相连的双绞线的另外一端必须接路由器的内网口(例如 LAN 口),并且网线两端的网络接口的指示灯必须正确点亮。

②计算机的 TCP/IP 协议是否设置正确?

计算机 IP 地址必须为 192.168.0.x(x 的范围是 2~254),子网掩码为:255.255.255.0(即在同一网段内),默认网关为 192.168.0.1。

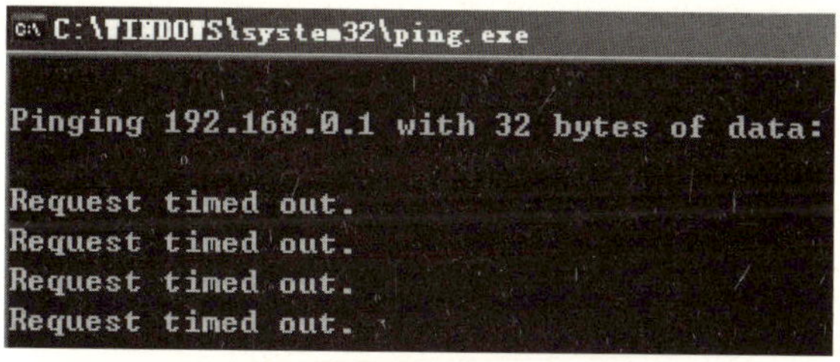

图 5-13　未连通的 ping 命令反馈信息

(3)进入路由器基本设置界面

本产品提供基于浏览器的配置界面,打开浏览器,在浏览器的地址栏中输入路由器默认 IP 地址:http://192.168.0.1,如图 5-14 所示。

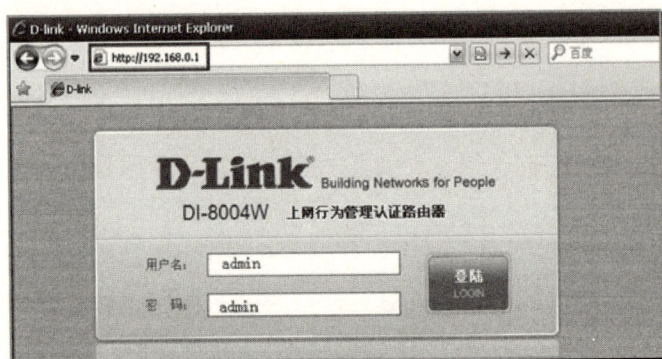

图 5-14 DI-8004 登录界面

输入用户名：admin，密码：admin，单击"登录"，将会看到以下界面，如图 5-15。

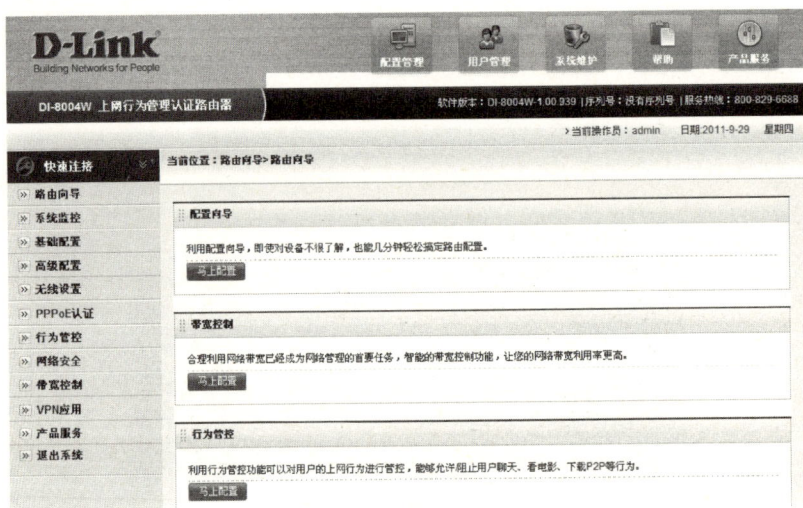

图 5-15 DI-8004 设置应用界面

至此，电脑就与路由器连接成功，可以对路由器进行其他设置了。

（4）路由器基本设置

通过快速配置向导可以轻松地完成上网所需要的基本设置，直接点击"下一步"进行操作，按照系统提示正确输入参数即可。

点击首页"配置向导—马上设置"，出现第一步 WAN 口数量设置界面，如图 5-16 所示。

设置WAN口数：　　　　　　4 注意：修改WAN口数后路由器会自动重启
　　　　　　　　　　　　　1
　　　　　　　　　　　　　2
　　　　　　　　　　　　　3
　　　　　　　　　　　　　4　　　　　　　　　　　　　　下一步

图 5-16　WAN 口数量设置界面

该步骤允许改变 WAN 口的数量,将不使用的 WAN 口转换为 LAN
口来使用,改变设置之后路由器会自动重启。若不需要改变 WAN 口的
数量,直接点击下一步即可。

继续点击下一步,出现设置路由器 IP 的界面,在该界面中可以修改
路由器的 LAN 口 IP 地址及掩码,如图 5-17 所示。

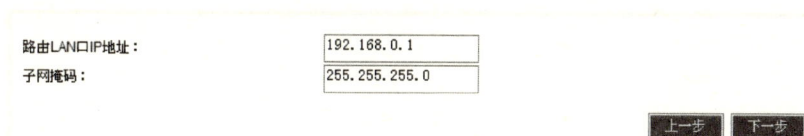

路由LAN口IP地址：　　192.168.0.1
子网掩码：　　　　　　255.255.255.0

　　　　　　　　　　　　　　　　　　上一步　下一步

图 5-17　修改路由器的 LAN 口 IP 地址及掩码

继续下一步,出现广域网设置界面,用于对广域网接口参数进行配
置,如图 5-18 所示。

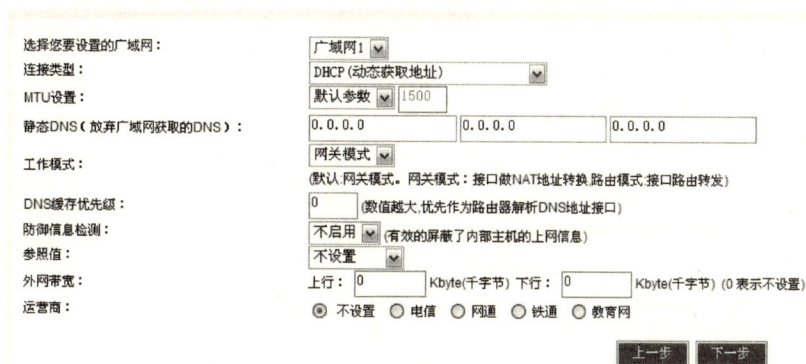

选择您要设置的广域网：　　广域网1
连接类型：　　　　　　　　DHCP(动态获取地址)
MTU设置：　　　　　　　默认参数 1500
静态DNS(放弃广域网获取的DNS)：　0.0.0.0　　0.0.0.0　　0.0.0.0
工作模式：　　　　　　　　网关模式
　　　　　　　　　　　　　(默认:网关模式。网关模式:接口做NAT地址转换,路由模式:接口路由转发)
DNS缓存优先级：　　　　0 (数值越大,优先作为路由器解析DNS地址接口)
防御信息检测：　　　　　不启用 (有效的屏蔽了内部主机的上网信息)
参照值：　　　　　　　　不设置
外网带宽：　　　　上行：0 Kbyte(千字节) 下行：0 Kbyte(千字节) (0 表示不设置)
运营商：　　　　　●不设置 ○电信 ○网通 ○铁通 ○教育网

　　　　　　　　　　　　　　　　　　上一步　下一步

图 5-18　广域网接口参数配置

选择要设置的广域网,可以选择对应的广域网接口来进行设置。

连接类型:即广域网的接入类型选择,有 DHCP 动态获取、PPPOE
拨号、static 静态接入、透明桥接、PPTP、L2TP 等多种接入方式。

静态 DNS：填入网络服务商提供的 DNS 服务器 IP 地址（如果是 PPPOE 接入，可以不用设置 DNS 服务器地址，线路会自动获取到）。

工作模式：通常我们都使用网关模式，接口做 NAT 地址转换；有些特殊环境可能会用到路由模式（如内网机器全部使用公网 IP 的时候）。

DNS 缓存优先级：对于多 WAN 口接入时，此值的大小决定了 DNS 解析的出口，也就是优先使用值大的广域网口作为 DNS 解析的出口。

防御信息检测：此功能用于防御运营商对线路的共享限制。

参照值：设置广域网出口带宽时的参考数值，可以参考此数值来设置。选择一个参照值之后，下面外网带宽的数值会自动填写上去。

外网带宽：广域网的上下行带宽值，若不清楚带宽值的换算，可以使用参照值来自动填写。如果带宽不在参考值的范围之内，请手动设置出口带宽值大小。

运营商：广域网线路的运营商，例如网通或者电信。如果选择"不设置"，则该线路需与策略路由功能配合使用。单 WAN 口接入环境可以不设置运营商。

继续点击下一步，进入最后一项路由时间更新的设置，如图 5-19 所示。

设置好之后，点击完成，路由会显示"正在操作中，请等待……"等待十几秒，完成之后，会自动返回到路由向导主界面。设置好这些之后，就可以正常连接互联网了。

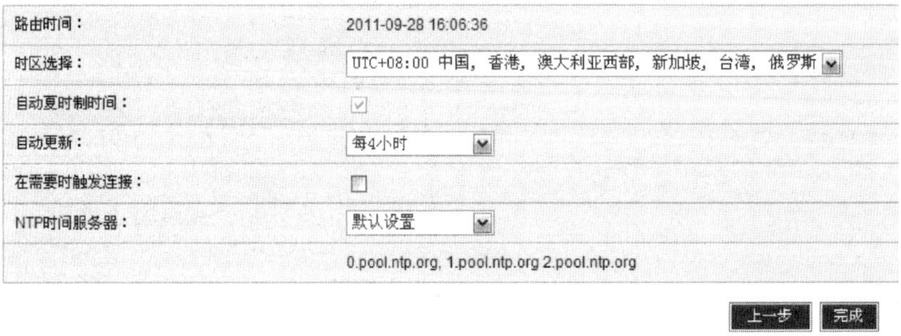

图 5-19　路由器时间设置

（5）路由器实用设置

对于小型企业，如果需要进行一些网络信息的通知发送，网络速度管理等，则 DI-8004W 能为我们做很多。

应用一：网络通告

该功能可以自定义对用户发送指定的通告文件，或者弹出指定网页地址。其中"通告文件编辑"功能用于自定义添加新的通告文件，或者修改之前的通告文件，如下图 5-20 所示。

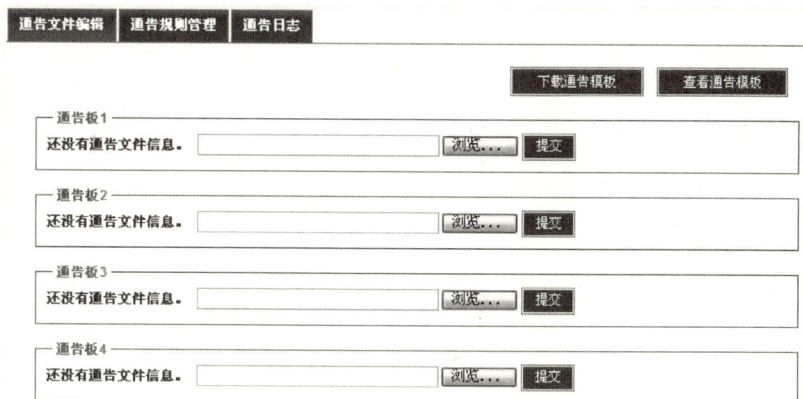

图 5-20　网络通告编辑

下载通告模板：可以将默认的通告文件下载到本地电脑，根据自己的需要进行修改，然后再导入通告板。

查看通告模板：查看默认的通告页面，便于查看通告的弹出式样及功能。

需要注意的是，自行导入的通告文件必须是 htm 格式的，且大小不能超过 4K，新的通告文件导入之后将会自动替换掉旧的通告文件。允许同时导入四条通告文件。

通告规则管理用于设置通告文件弹出的匹配条件，满足该规则条件时，通告文件才会弹出，如图 5-21 所示。

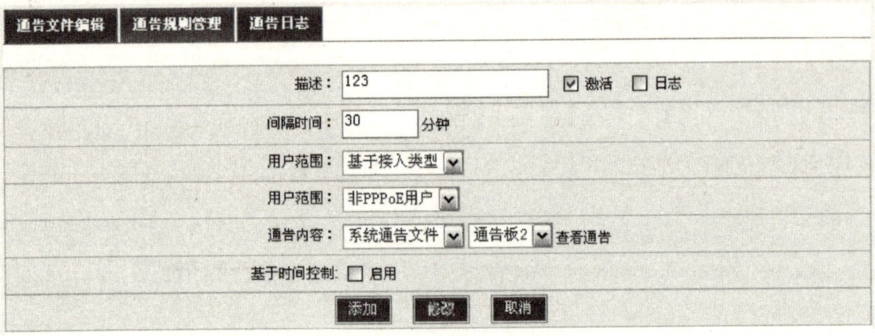

图 5-21　网络通告编辑规则

描述：对此规则的简单描述。

激活：勾上表示启用此规则，不启用则规则设置无效。

日志：是否记录到日志。

间隔时间：通告文件弹出的间隔时间，单位为分钟。（注：通告文件默认不会像弹窗广告那样自动弹出，只有在开启网页的时候才会将网页强行转向到指定的通告页面。）

用户范围：选择通告文件的适用对象。有"基于 IP 地址"（针对指定 IP 用户弹出通告）、"基于 MAC 地址"（对绑定/未绑定用户弹出通告）、"基于接入类型"（对拨号用户/非拨号用户弹出通告）三种选择方案。

通告内容：选择导入的通告文件或者直接使用外部 URL 地址。（建议使用本地导入的通告文件，因为外部 URL 地址开启速度会受到网络影响。若外部地址访问过慢，用户会误以为网速慢）

基于时间控制：启用之后设定的规则将只会在指定的时间段内生效。

通告日志页面主要展示通告文件弹出时的事件历史记录。

应用二：WEB 访问控制

此界面可以对用户访问的网页做管理控制，系统默认收集了 62 个分类，7000 多个网站，除此之外，还可以自定义添加更多的相关网站并对其进行控制，如图 5-22。

图 5-22 网址访问控制分组等信息

该页面用于添加网址的分组,每个组里面可以添加多个成员(即网站域名)。点击列表中的操作栏可以查看每个分组里的详细域名信息。

网址过滤功能可以自定义设置规则用来控制用户对网页的访问,如图 5-23 所示。

网址过滤方式:有不启用、允许规则之外的通过和禁止规则之外的通过三种方式。不启用,就是对列表中的规则不做任何控制,规则不会生效;允许规则之外的通过,列表之外的规则允许通过,列表之中的规则受规则控制;禁止规则之外的通过,规则之外的所有都不允许通过,规则之内的受规则管控。

状态:是否启用该规则。

日志:是否在日志中记录该规则的发生情况。

动作:该规则为允许通过还是禁止通过。

描述:对规则的一个描述。

执行顺序:规则的执行优先等级。

IP 地址组:选择一个在 IP 地址组里添加的对象组。

网站地址组:选择要控制的网址分类组。如图 5-23 所示。

基于时间控制：在不同的时间段，使该规则生效。

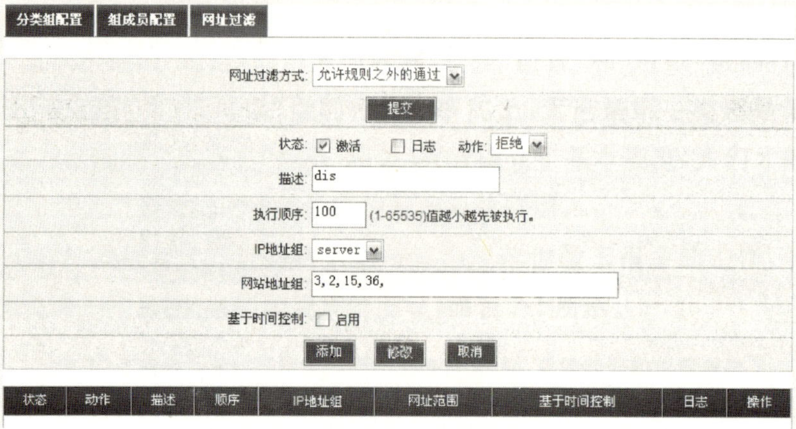

图 5-23　网址过滤规则设置

5.2.2　小企业型路由器维护

路由器是一个内置固化操作系统的网络设备，它的故障率极低，我们日常的维护工作一般只有系统升级等。

该界面可以对路由器进行固件升级操作及恢复操作。

固件升级：升级前请先确认好路由器的当前版本，看是否需要进行升级操作。点击"浏览"按钮，选择新版本的存放路径之后，按下"升级"按钮开始升级操作。升级时间一般会在一分钟之内完成，各型号升级时间也不一致。如图 5-24 所示。

温馨提示：升级路由器的时候，请不要刷新页面，并且保证机器在不断电的情况完成升级操作，否则将造成路由器升级失败！请尽量选择本地升级路由器，远程升级路由器受到网络影响容易导致升级失败。

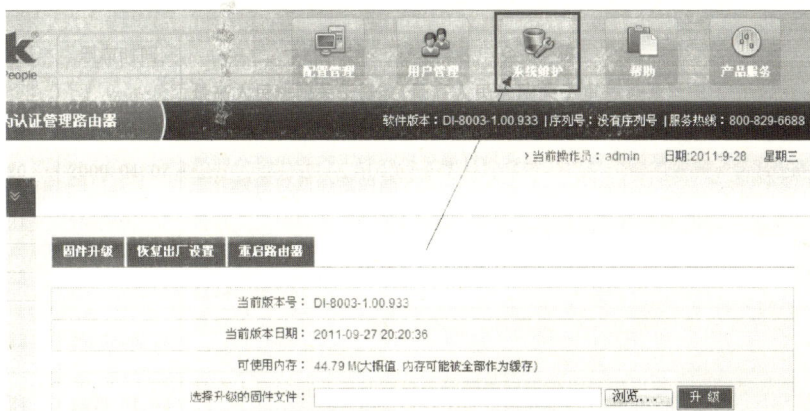

图 5-24　路由器固件升级

恢复出厂设置:选择"恢复路由默认设置",并点击确定,如图 5-25 所示。恢复之后路由器会自动重启,重启完之后请使用默认 IP 及用户名/密码登录路由。路由器默认 IP:192.168.0.1,默认用户名/密码都是 admin。

图 5-25　恢复路由器出厂配置

点击"重启路由器"按钮,在弹出的对话框中选择"是",路由将会重新启动一次,如图 5-26 所示。

图 5-26　重启路由器

实现家中微办公与数据异地访问

第六天

6.1　利用花生壳进行远程办公与操作

现在市面上有许多软件可以实现远程控制,比如 QQ 就可以实现人在远方而控制家里的电脑进行部分办公操作,但这样的远程操作速度慢、易掉线,其他很多方式基本上都需要在主控和被控双方的电脑上安装客户端软件才能实行远控。

很多网友都忽略了 Windows 系统本身附带的一个功能——"远程桌面连接",它的功能一点不比其他远程工具弱,并且相对来说更加安全和简单,传输性能也不错。在使用环境中,将远程桌面的服务映射出外网,再使用花生壳做动态域名解析,实现外网连接非常方便。

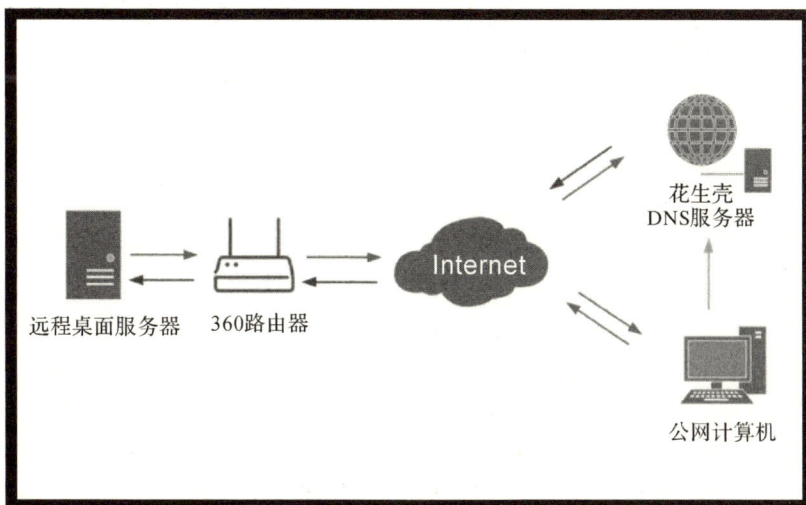

图 6-1

使用花生壳实现外网连接远程桌面,步骤非常简单,只需 3 步即可实现。

实现步骤:

①开启远程桌面功能。

②在路由器上添加端口映射,开放 3389 端口。下图中使用的是 360 安全路由器,登录到管理界面后,点击"功能扩展",找到"端口映射",点击"新增"。按照提示输入远程服务器的 IP 和端口号,点击"确定"。

图 6-2

③登录花生壳。继续在"功能扩展"中,找到"花生壳动态域名",输入在 Oray 官网注册的账号和密码。确认域名解析到的 IP 与路由器 WAN 口 IP 一致,就 OK 了。

图 6-3

6.2　小企业员工的异地办公之数据访问

在以前来说,消费者普遍对线下连锁超市的信赖程度比较高。而现代化经济的高速发展,互联网零售业得到快速的增长,给国内的连锁超市和大型商场带来了巨大的冲击。因此,不少连锁超市的经营模式也进行了创新变革,经营模式由"线下"转变为"线下＋线上",希望能进一步巩固在市场竞争中的有利地位。

6.2.1　数据互联成难点

连锁超市的门店具有多终端、地域分散的特点。需要在现有门店的前提下,打造网上销售平台,并且实现各门店、线上平台和总部数据的无缝结合,在此同时又面临着诸多瓶颈:

①分支多导致管理难度加大。

②无法实时监控各门店的收银系统数据。

③管理系统的维护和升级需到现场,人力成本高。

很多连锁超市的经营者都意识到这一点,但是具体如何实现,他们都迫切想得到答案。

6.2.2　实体商业＋互联网

一个小企业经营的连锁超市线下使用 C/S 架构管理软件,需要总部、各门店和线上零售平台的数据融合,进行交互,形成一个全面的专业管理流程。

此时,我们利用花生壳 DDNS 就能实现总部、各门店和线上销售平台的完美连接。

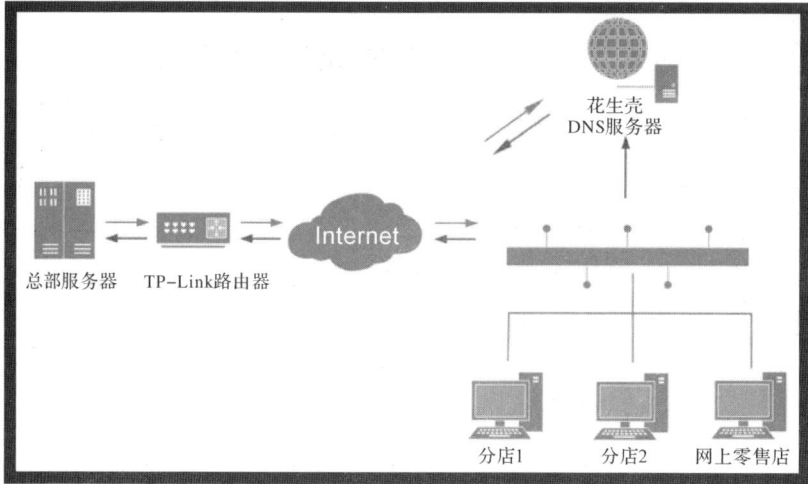

图 6-4

下面以 TP-Link 企业型路由与花生壳配合为例。

公司总部使用的是 TP-Link 企业型路由器,电信光纤上网,能获得动态的公网 IP 地址。只需两步就能实现数据交互:

①在 TP-Link 企业路由上添加管理软件和远程桌面的端口映射。

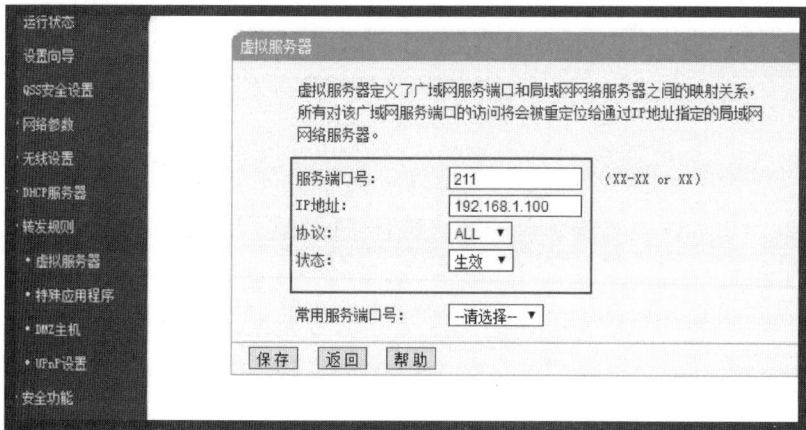

图 6-5

②TP-Link 企业路由上启用内嵌的花生壳的 DDNS,输入账号和密码登录,域名就能绑定路由器对应的公网 IP 地址。

届时只需提供域名给各门店和线上的零售店,管理软件中使用花生壳域名进行连接,就能实现数据的交互。当管理系统使用过程中出现问题或需要升级维护,外网只需要用域名就能连接过去,就像在本地操作一样,非常方便!

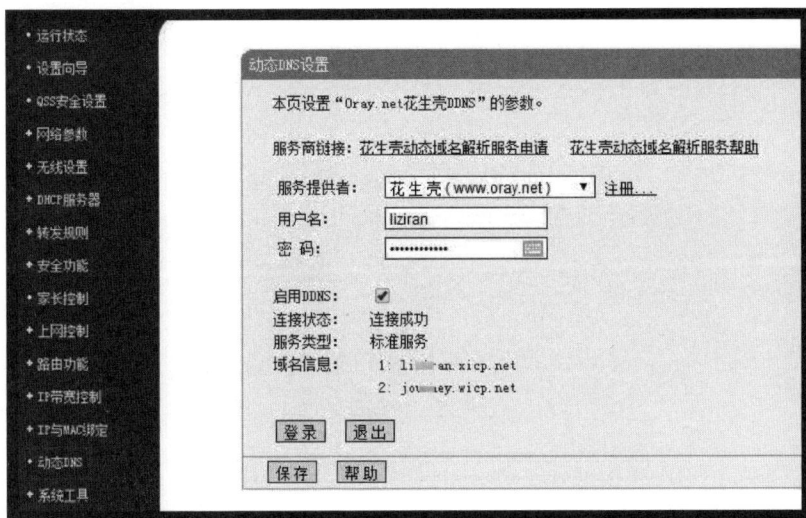

图 6-6

6.2.3 花生壳助力连锁超市信息化建设

总部作为信息中枢,各门店和线上零售平台所产生的信息都要及时上传到服务器上,有利于管理者分析对应门店的经营管理情况,相应地做出科学合理的决策,实现对连锁超市线上+线下的精细化管理。

防护网络安全与遵守网络道德

第七天

7.1　基于模拟信号的网络安防

对于小企业或家庭用户,配备必要的安防也是"电商"做大时需要考虑的内容,如仓库环境、小型职工食堂环境、门岗区域等,通过下面的安防设备,则可以大大减少人员的配备和费用的支出。以下是传统的模拟信号的摄像头安防产品布局示意图。

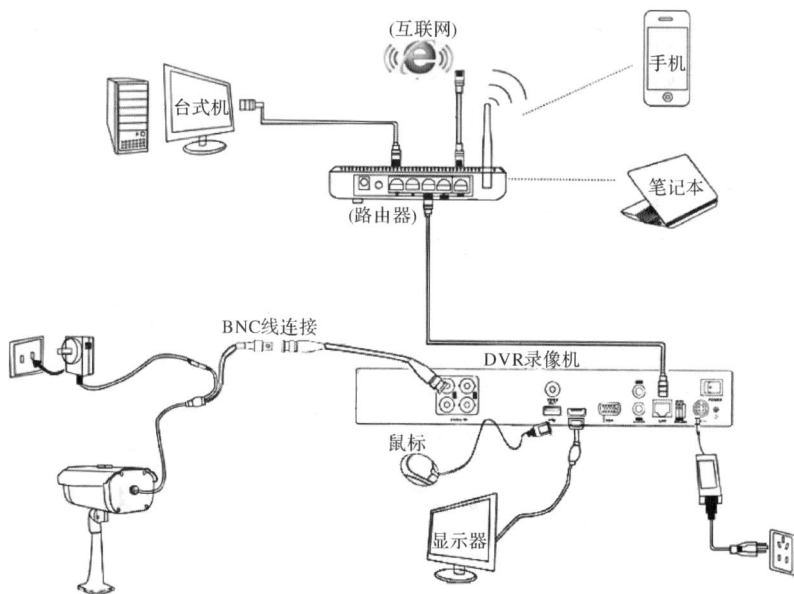

图 7-1

下图是一个简单的模拟安防产品应用示意图：

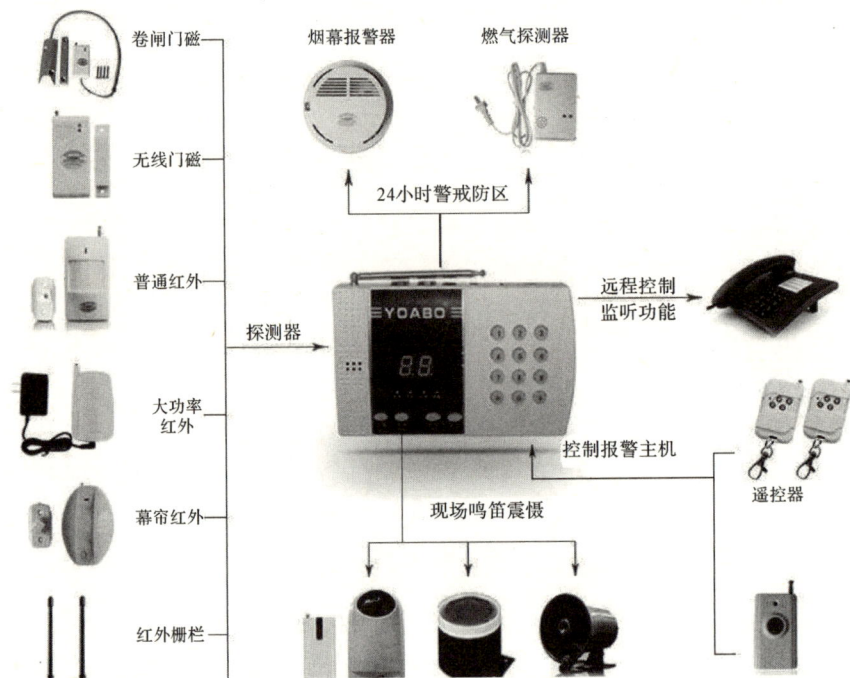

卷闸门磁　烟幕报警器　燃气探测器

无线门磁

24小时警戒防区

普通红外

探测器

YOABO

远程控制
监听功能

大功率
红外

控制报警主机

遥控器

幕帘红外

现场鸣笛震慑

红外栅栏

图 7-2

在实际的应用中，我们更推荐的是基于 WiFi 和有线的智能安防系统。

7.2　基于数字信号的网络安防

当然，有些传统的网络安防，虽然技术成熟，但使用和日常维护还是非常不便，同时升级和更新成本高。因此，近几年越来越重视无线环境的安防产品的布设。

为了提高安防产品的稳定性，建议主要的摄像头采用有线布设（部分也可以采用无线传输）。

有些网络摄像头的连接采用两种方案。

方案一:摄像头独立供电＋有线 RJ45 网线

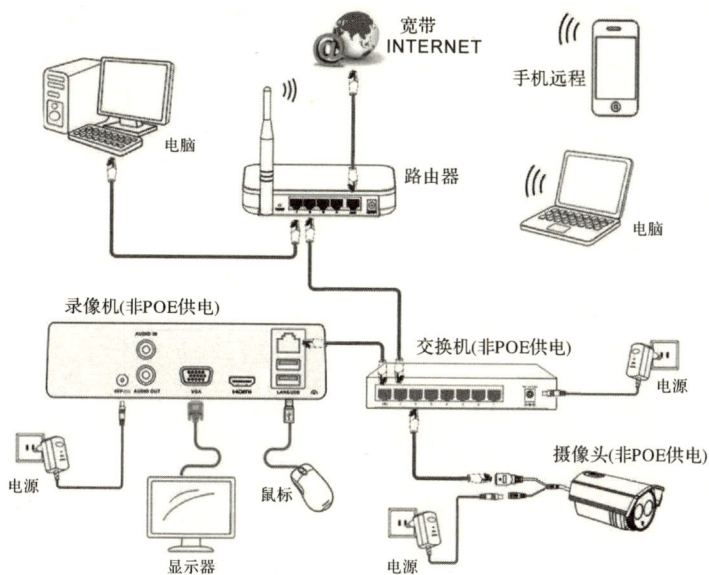

图 7-3

方案二：POE 供电型

摄像头与控制主机只需要通过网络相连，网线既可进行网络信号传输，又能为摄像头供电。

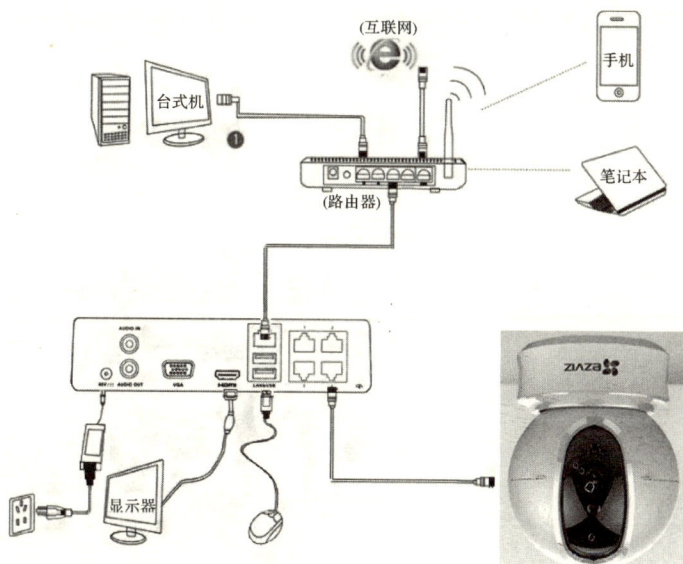

图 7-4

案例 如对于小型的电商用户,建议配备"海康威视萤石套装 C6C 1080P＋T30＋猫眼",具体的设备如下:

(1)C6C 1080P 互联网云台摄像机

在具有 WiFi 环境的家庭或企业内,无须专用布线,直接把 C6C 安装在需要的场所,通过 WiFi 配对,就能实现方便的网络监控。

如果在应用时,能配合 A1C 智能传感器,则报警更智能、监控更智慧。

报警时可用手机实时查看。

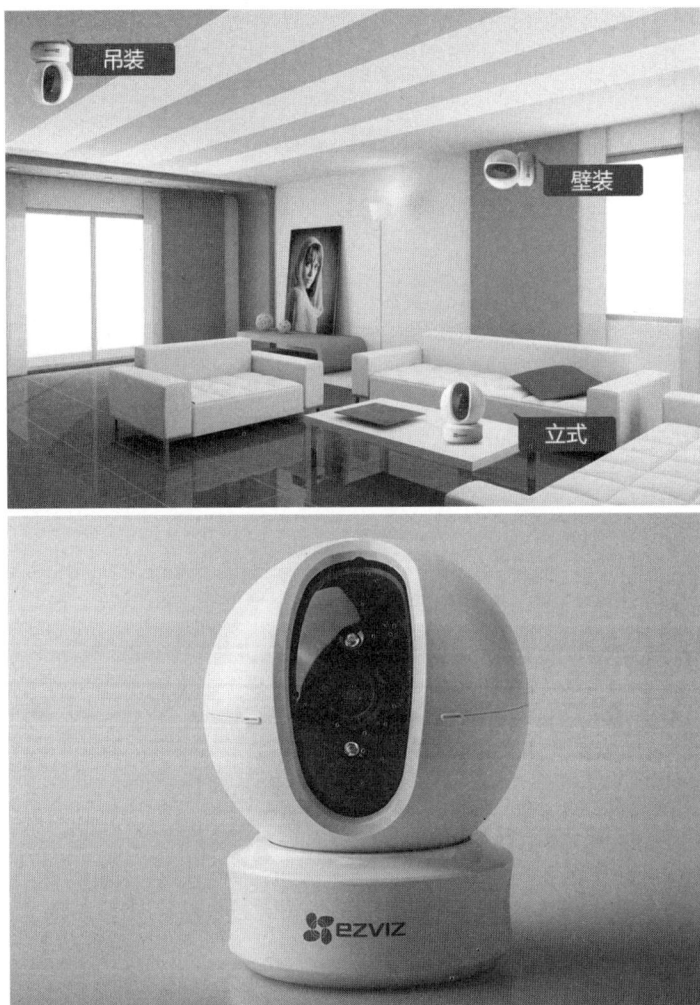

图 7-5

智能追踪，时刻跟拍
全程记录异常动态

C6C检测到移动物体后，能够自动捕获其运动轨迹，追踪拍摄，
并实时推送报警和录像，谁也逃不过C6C的法眼

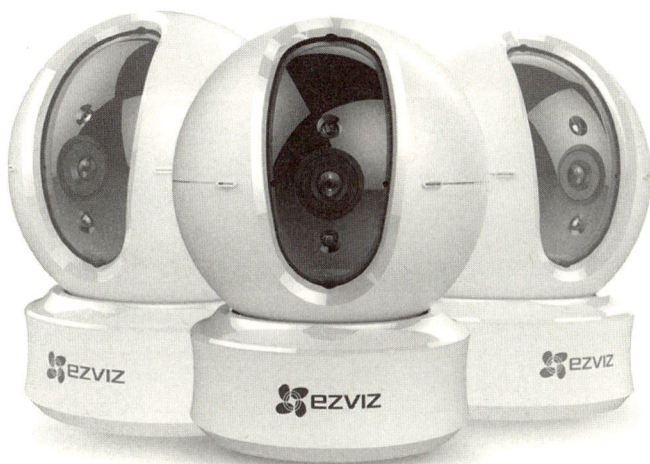

智能追踪视频截图（夜间版）录像需配合存储设备

图 7-6

联合萤石A1C+传感器，报警有图有真相

搭配A1C网关和探测器，可以在App上绑定预置点，一旦发生报警感应，就会快速转到预置点位置进行拍摄，并发送图片报警消息。

智能活动侦测

移动侦测　报警推送

联众防护模式随意切换，开启智能活动侦测后，当侦测区域发生物体移动时，实时推送报警消息并抓图录像。

图 7-7

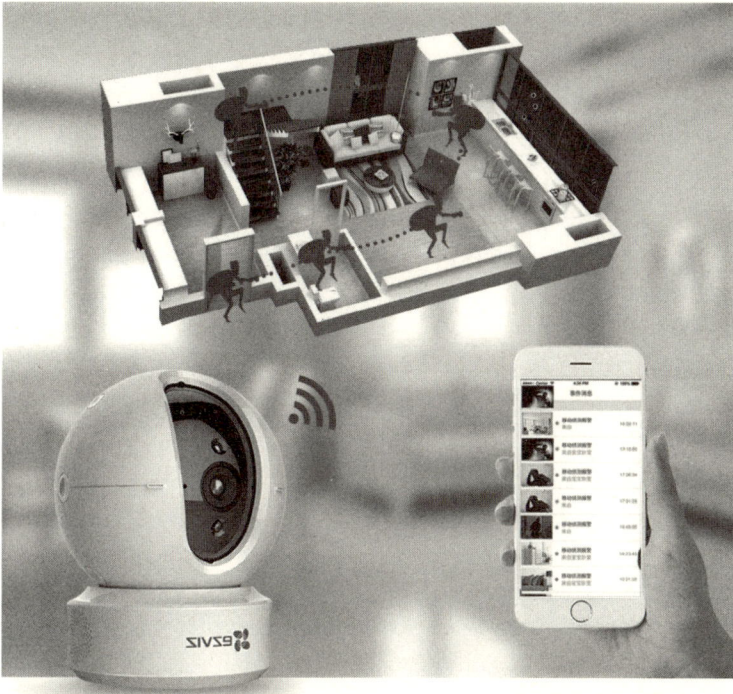

同时,无线的网络监控,还具有非常便捷的不同录像数据备份方法,
如下图:

多种存储方式可选,记录精彩片段

支持最大128G的Micro SD卡本地存储,同时兼容NVR硬盘录像机
存储和萤石云存储,可以方便快捷地存录和回放。

高达128G 的SD卡存储　　　　拿不走 的云存储　　　　可循环存储 的NVR

图 7-8

(2)DP1 智能猫眼

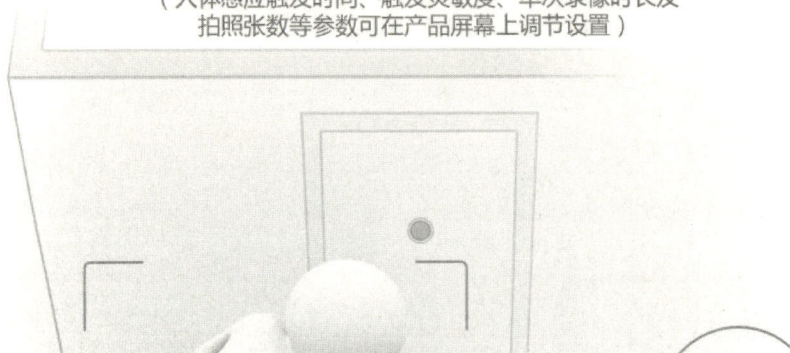

自动人体感应报警
全天候守护

智能Wi-Fi连接，24小时在线，自动人体感应，
可抓拍/录像，并实时推送手机报警消息，时刻守护你的家门

（人体感应触发时间、触发灵敏度、单次录像时长及
拍照张数等参数可在产品屏幕上调节设置）

图 7-9

智能人脸识别
为生活提供便利

图 7-10

（3）T30 智能插座

图 7-11

7.3 计算机网络安全和计算机法规

网络的虚拟性正在不断加剧人们之间道德情感的冷漠化。网络是一个由图文构成的虚拟世界,网络行为具有"数字化"或"虚拟化"的特点,正是这种虚拟性使网络有了巨大的诱惑力。随着"虚拟情人、朋友"等虚拟事物的产生,使很多人在网络上寻找到了"精神家园",并以此缓解压抑的情绪,获得内心的平衡,从而在现实社会中产生了大量安全与道德问题。

但是,到目前为止,在 Internet 上,或在整个世界范围内,一种全球性的网络规范并没有形成,有的只是各地区、各组织为了网络正常运作而制定的一些协会性、行业性计算机网络规范。这些规范由于考虑了一般道德要求在网络上的反映,也在很大程度上保证了目前网络发展的基本需要,因此很多规范具有普遍的"网络规范"的特征。而且,人们可以从不同的网络规范中抽取相同的、普遍的东西出来,最终上升为人类普遍的规范和准则。

国外研究者认为,每个网民必须认识到:一个网民在接近大量的网络服务器、地址、系统和人时,其行为最终是要负责任的。"Internet"或者"网络"不仅仅是一个简单的网络,它更是一个由成千上万的个人组成的网络"社会",就像你驾车要到达某个目的地一样必须通过不同的交通路段,你在网络上实际也是在通过不同的网络"地段",因此,参与到网络系统中的用户不仅应该意识到"交通"或网络规则,也应认识到其他网络参与者的存在,即最终要认识到网络行为无论如何是要遵循一定的规范的。作为一个网络用户,你可以被允许接受其他网络或者连接到网络上的计算机系统,但你也要认识到每个网络或系统都有它自己的规则和程序,在一个网络或系统中被允许的行为在另一个网络或系统中也许是受控制,甚至是被禁止的。因此,遵守其他网络的规则和程序也是网络用户的责任,作为网络用户要记住这样一个简单的事实,一个用户"能够"采取一种特殊的行为并不意味着他"应该"采取那样的行为。

因此,既然网络行为和其他社会一样,需要一定的规范和原则,因而国外一些计算机和网络组织为其用户制定了一系列相应的规范。这些规范涉及网络行为的方方面面,在这些规则和协议中,比较著名的是美国计算机伦理学会(Computer Ethics Institute)为计算机伦理学所制定的十条戒律(The Ten Commandments),也可以说就是计算机行为规范,这些规范是一个计算机用户在任何网络系统中都应该遵循的最基本的

行为准则,它是从各种具体网络行为中概括出来的一般原则,它对网民要求的具体内容是:

①不应用计算机去伤害别人;

②不应干扰别人的计算机工作;

③不应窥探别人的文件;

④不应用计算机进行偷窃;

⑤不应用计算机做伪证;

⑥不应使用或拷贝你没有付钱的软件;

⑦不应未经许可而使用别人的计算机资源;

⑧不应盗用别人智力成果;

⑨应该考虑你所编的程序的社会后果;

⑩应该以深思熟虑和慎重的方式来使用计算机。

再如,美国的计算机协会(The Association of Computing Machinery)是一个全国性的组织,它希望它的成员支持下列一般的伦理道德和职业行为规范:

①为社会和人类做出贡献;

②避免伤害他人;

③要诚实可靠;

④要公正并且不采取歧视性行为;

⑤尊重包括版权和专利在内的财产权;

⑥尊重知识产权;

⑦尊重他人的隐私;

⑧保守秘密。国外有些机构还明确划定了那些被禁止的网络违规行为,即从反面界定了违反网络规范的行为类型,如南加利福尼亚大学网络伦理声明(the Network Ethics Statement University of Southern California)指出了六种不道德网络行为类型:

①有意地造成网络交通混乱或擅自闯入网络及其相连的系统;

②商业性地或欺骗性地利用大学计算机资源;

③偷窃资料、设备或智力成果;

④未经许可接近他人的文件;

⑤在公共用户场合做出引起混乱或造成破坏的行动；

⑥伪造电子函件信息。

上面所列的"规范"的两方面内容，一是"应该"和"可以"做的行为，二是"不应该"和"不可以"做的行为。事实上，无论是第一类还是第二类，都与已经确立的基本"规范"相关，只有确立了基本规范，人们才能对究竟什么是道德的或不道德的行为做出具体判断。

另外，我国对计算机网络安全与道德规范也做了很多的工作，下面是相关的一些法律、条例和规章制度等，如表7-1所示。

表7-1　我国计算机网络相关的部分法律、条例、法律解释和规章制度

序号	颁布时间	名　称
1	2018.02.02	微博客信息服务管理规定
2	2017.09.07	互联网群组信息服务管理规定
3	2017.08.25	互联网论坛社区服务管理规定
4	2016.11.07	中华人民共和国网络安全法
5	2012.12.28	全国人大常务委员会关于加强网络信息保护的决定
6	2001.12.20	计算机软件保护条例
7	2001.11.16	国务院办公厅关于利用计算机信息系统开展审计工作问题的通知
8	1999.03.16	国务院办公厅转发信息产业部关于解决计算机2000年问题工作进展情况及意见的通知
9	1999.02.24	国务院办公厅转发国家版权局关于不得使用非法复制的计算机软件通知的通知
10	1998.08.14	国务院办公厅关于解决计算机2000年问题的通知
11	1997.05.20	国务院关于修改《中华人民共和国计算机信息网络国际联网管理暂行规定》的决定
12	1996.02.01	中华人民共和国计算机信息网络国际联网管理暂行规定
13	1994.02.18	中华人民共和国计算机信息系统安全保护条例
14	2006.11.22	最高人民法院关于修改《最高人民法院关于审理涉及计算机网络著作权纠纷案件适用法律若干问题的解释》的决定(二)
15	2004.01.02	最高人民法院关于修改《最高人民法院关于审理涉及计算机网络著作权纠纷案件适用法律若干问题的解释》的决定
16	2002.01.29	最高人民法院关于印发《人民法院计算机信息网络系统建设管理规定》和《人民法院计算机信息网络系统建设规划》的通知
17	2001.07.17	最高人民法院关于审理涉及计算机网络域名民事纠纷案件适用法律若干问题的解释
18	2000.12.19	最高人民法院关于审理涉及计算机网络著作权纠纷案件适用法律若干问题的解释

续　表

序号	颁布时间	名　　　称
19	2004.01.02	最高人民法院关于修改《最高人民法院关于审理涉及计算机网络著作权纠纷案件适用法律若干问题的解释》的决定
20	2000.04.07	最高人民法院关于深圳市帝慧科技实业有限公司与连樟文等计算机软件著作权侵权纠纷案的函
21	1997.06.17	最高人民法院关于印发《全国法院计算机信息网络建设规划》的通知
22	1996.06.17	最高人民法院关于印发《全国法院计算机信息网络建设管理暂行规定（试行）》的通知
23	1996.06.17	最高人民法院关于印发《全国法院计算机工作"九五"计划纲要及2010年远景目标设想》的通知
24	1995.01.02	最高人民法院关于计算机软件著作权纠纷中外籍当事人应否委托中国律师代理诉讼问题的答复
25	1994.03.20	最高人民法院印发《关于收、结案件登记卡片的使用与管理办法》和《关于人民法院应用计算机进行司法统计工作的暂行规定》
26	1992.05.06	最高人民法院关于印发《法院系统应用计算机进行人事档案管理和统计工作的暂行规定》的通知
27	2003.07.15	铁路计算机信息系统安全保护办法
28	2003.03.19	中华人民共和国海关对加工贸易企业实施计算机联网监管办法
29	2002.05.08	电网和电厂计算机监控系统及调度数据网络安全防护规定
30	2002.02.20	计算机软件著作权登记办法
31	2000.04.26	计算机病毒防治管理办法
32	1997.12.16	计算机信息网络国际联网安全保护管理办法
33	1997.12.12	计算机信息系统安全专用产品检测和销售许可证管理办法

附：全国人大常务委员会关于
加强网络信息保护的决定

（2012 年 12 月 28 日第十一届全国人民代表大会常务委员会第三十次会议通过）

为了保护网络信息安全，保障公民、法人和其他组织的合法权益，维护国家安全和社会公共利益，特做如下决定：

一、国家保护能够识别公民个人身份和涉及公民个人隐私的电子信息。

任何组织和个人不得窃取或者以其他非法方式获取公民个人电子信息，不得出售或者非法向他人提供公民个人电子信息。

二、网络服务提供者和其他企业事业单位在业务活动中收集、使用公民个人电子信息，应当遵循合法、正当、必要的原则，明示收集、使用信息的目的、方式和范围，并经被收集者同意，不得违反法律、法规的规定和双方的约定收集、使用信息。

网络服务提供者和其他企业事业单位收集、使用公民个人电子信息，应当公开其收集、使用规则。

三、网络服务提供者和其他企业事业单位及其工作人员对在业务活动中收集的公民个人电子信息必须严格保密，不得泄露、篡改、毁损，不得出售或者非法向他人提供。

四、网络服务提供者和其他企业事业单位应当采取技术措施和其他必要措施，确保信息安全，防止在业务活动中收集的公民个人电子信息泄露、毁损、丢失。在发生或者可能发生信息泄露、毁损、丢失的情况时，应当立即采取补救措施。

五、网络服务提供者应当加强对其用户发布的信息的管理，发现法律、法规禁止发布或者传输的信息的，应当立即停止传输该信息，采取消除等处置措施，保存有关记录，并向有关主管部门报告。

六、网络服务提供者为用户办理网站接入服务,办理固定电话、移动电话等入网手续,或者为用户提供信息发布服务,应当在与用户签订协议或者确认提供服务时,要求用户提供真实身份信息。

七、任何组织和个人未经电子信息接收者同意或者请求,或者电子信息接收者明确表示拒绝的,不得向其固定电话、移动电话或者个人电子邮箱发送商业性电子信息。

八、公民发现泄露个人身份、散布个人隐私等侵害其合法权益的网络信息,或者受到商业性电子信息侵扰的,有权要求网络服务提供者删除有关信息或者采取其他必要措施予以制止。

九、任何组织和个人对窃取或者以其他非法方式获取、出售或者非法向他人提供公民个人电子信息的违法犯罪行为以及其他网络信息违法犯罪行为,有权向有关主管部门举报、控告;接到举报、控告的部门应当依法及时处理。被侵权人可以依法提起诉讼。

十、有关主管部门应当在各自职权范围内依法履行职责,采取技术措施和其他必要措施,防范、制止和查处窃取或者以其他非法方式获取、出售或者非法向他人提供公民个人电子信息的违法犯罪行为以及其他网络信息违法犯罪行为。有关主管部门依法履行职责时,网络服务提供者应当予以配合,提供技术支持。

国家机关及其工作人员对在履行职责中知悉的公民个人电子信息应当予以保密,不得泄露、篡改、毁损,不得出售或者非法向他人提供。

十一、对有违反本决定行为的,依法给予警告、罚款、没收违法所得、吊销许可证或者取消备案、关闭网站、禁止有关责任人员从事网络服务业务等处罚,记入社会信用档案并予以公布;构成违反治安管理行为的,依法给予治安管理处罚。构成犯罪的,依法追究刑事责任。侵害他人民事权益的,依法承担民事责任。

十二、本决定自公布之日起施行。

参考文献

[1] CNNIC.第 40 次中国互联网络发展状况统计报告[EB/OL]. ht-tp://www.cac.gov.cn/2017-08/04/c_1121427672.htm.

[2] 李逦,马金海.电子商务基础[M].镇江:江苏大学出版社,2015.

[3] 陈拥军,孟晓明.电子商务与网络营销[M].北京:电子工业出版社,2010.

[4] 张淑琴.电子商务基础与实务[M].北京:北京交通大学出版社,2011.

[5] 王玉珍.电子商务概论[M].北京:清华大学出版社,2017.

[6] 王民,等.电子商务概论[M].北京:北京理工大学出版社,2017.

[7] 赵亮,等.电子商务概论[M].郑州:河南人民出版社,2005.

[8] 赵应文,等.电子商务基础[M].北京:北京大学出版社,2012.

[9] 吴健,等.电子商务物流管理[M].北京:科学出版社,2009.

[10] 刘红军,等.电子商务技术[M].北京:机械工业出版社,2012.

[11] Tim Parker, Mark Sportack. TCP/IP 技术大全[M].北京:机械工业出版社,2001.

后　　记

在书稿付印之际,一时似有千感万言,却又不知从何说起。

我希望各位读者通过这本书,能把比较复杂的微网络应用简单化。

在本书写作的过程中,得到吴红伟先生自始至终的关心与支持,得到翁源昌副教授、罗英副教授等的帮助。在资料查询过程中得到了浙江国际海运职业技术学院图书馆、舟山市图书馆的支持。当然,还要感谢的是一如既往支持我工作的家人,有他们的理解和关心,我的内心感到安然而充满力量。

在撰写过程中,我参考了大量的文献资料。由于时间仓促,难以得到恰当的联系方式等原因,未能与所有原作者取得联系,在此恳请有关作者谅解,并向这些文献的作者表示衷心的感谢!

特别感谢此书的编辑张婷婷老师对本书的关心。

特别感谢读者。无论喜欢,还是批评,作品的生命,是读者给予的。

由于编写时间仓促,加之作者的水平有限,书中难免存在疏漏与不当之处,敬请广大读者批评指正。

郭飞军

2018 年 4 月 18 日于寓所